Hablemos con franqueza

Hablemos Con Franqueza

Dr. James C. Dobson

BETANIA

© 1993 EDITORIAL CARIBE
P.O. Box 141000
Nashville, TN 37214-1000

Título en inglés: *Straight Talk*
© 1991 by *Dr. James C. Dobson*
Publicado por Word, Inc.

ISBN: 0-88113-133-4

Traducido por *Adriana Powell*

E-mail: caribe@editorialcaribe.com
www.caribebetania.com
6ª Impresión

Este libro está dedicado afectuosamente a la memoria de mi padre, James Dobson, por razones que se comprenderán al leer estas páginas.

James Dobson, padre
1911-1977

Pero tus muertos sí volverán a vivir, sus cadáveres resucitarán. Los que duermen en la tierra se despertarán, y darán gritos de alegría. Porque tú envías tu luz como rocío y los muertos volverán a nacer de la tierra. (Is. 26.19, VP)

Contenido

Introducción

1

Un hombre mira hacia el pasado

La primera edición del libro que está por leer fue escrita hace aproximadamente diez años. Se han vendido más de un millón de copias desde su publicación, y aún sigue expresando lo que personalmente pienso que significa ser un hombre... un hombre de Dios... en nuestro revuelto mundo contemporáneo. Sin embargo, en los últimos meses he sentido la necesidad de volver a sumergirme en este tópico, actualizar el contenido, y agregar al libro la perspectiva que me ofrece una década más de vida.

Tenía cuarenta años cuando se publicó la primera edición (la versión española se tituló *¡Esto es ser hombre!* 1982), y no cabe duda que varias experiencias de mi vida personal marcaron su contenido. Mi padre acababa de morir (como leerá en el capítulo 3), enfrentándome con mi propia finitud. Un inesperado ataque cardíaco me sirvió para subrayar esta realidad. Nuestros hijos todavía vivían con nosotros entonces, y nuestro hogar estaba burbujeante de actividad adolescente.

Lo más importante es que por entonces estaba sumergido hasta el cuello en el infame período de la mediana edad.

Lo cierto es que nunca viví la tan mentada crisis de mediana edad (tal como se describe en el capítulo 16), pero sí tuve mi propia etapa de reflexión crítica durante ese tiempo. En contraste, muchos de mis amigos y colegas *sí* lucharon con intensos conflictos durante los cuarenta. Algunos se sintieron realmente perturbados cuando advirtieron que la juventud había quedado atrás y que la vida estaba pasando rápidamente. Aunque podía simpatizar con sus angustias, me resultaba un tanto gracioso observar a estos hombres que trataban de aferrarse desesperadamente a algo que ya hacía tiempo había quedado atrás.

Hace diez años, y en alguna medida hoy también, los hombres que atravesaban la crisis de la mediana edad portaban su crisis de identidad como un estandarte para que todo el mundo pudiera verlo. Los trajes y corbatas se reemplazaban por ostentosas camisas de seda que siempre se dejaban desprendidas en dirección al ombligo. Generalmente exponían una tupida mata grisácea de pelo en pecho, cuidadosamente secada para que estuviera vaporosa. Una cadena con una medalla dorada generalmente se cobijaba en ese velludo nido, supuestamente como testimonio de vigor juvenil. Los hombres también hacían cosas extrañas con su cabello, intentando mostrar que era abundante. (Lo frustrante de envejecer es que el cabello no quiere crecer en la cabeza y en cambio lo hace abundantemente en las orejas y las fosas nasales.) En los casos serios de calvicie, había que peinar los cabellos de los costados por encima de la cabeza, para luego cementar todo cuidadosamente con una super gomina. Zapatos puntiagudos tipo italiano completaban la apariencia, acompañados por relojes Rolex (probablemente imitaciones) y gruesas joyas en ambas manos. Ese era el uniforme apropiado.

Los hombres que atravesaban la crisis de mediana edad procuraban favorecer más su imagen conduciendo automóviles deportivos. Sus vehículos debían ser aerodinámicos, veloces, y llamativos. Un Porsche o un Ferrari expresaban el mensaje apropiado, pero un tipo con problemas financieros podía conformarse con un Volkswagen con llantas cromadas. Así equipado, este caballero en proceso de envejecer y su frágil ego, salían a conquistar mundos ignotos.

La conquista sexual era, y sigue siendo, la prueba definitiva de la virilidad para este clan que está al borde de la curva de descenso. Estos hombres a menudo prueban suerte con mujeres más jóvenes... en lo posible espléndidas. Flirtean con sus secretarias y cortejan todas las chicas que pasan. También se sienten frustrados por la edad de sus esposas, porque les recuerda la suya.

Oí decir de uno de estos hombres, que entró una noche y preguntó a su esposa qué tenía untado en el rostro.

«Crema humectante», le respondió ella.

«¿Para qué es?», preguntó ingenuamente el marido.

«Para las arrugas», vino la respuesta.

El reflexionó un instante, y luego dijo: «Bueno, se ve que funciona, porque tienes muchísimas».

Un artículo que publicó un diario local describía a un hombre con una actitud similar, que había abandonado a su mujer para huir con otra. Decía lo siguiente:

Un joven advirtió un anuncio de venta de un Mercedes. Telefonó para averiguar, suponiendo que la cifra mencionada tendría un error de tipografía. Una mujer respondió y le dijo que la cifra era correcta. El joven entonces preguntó si el auto estaba dañado. «No, está en perfectas condiciones», dijo la mujer. ¿Y entonces por qué lo vendía por un precio tan ridículamente bajo? «Sucede que mi esposo me llamó desde Las Vegas. Está allí con su secretaria. Me dijo que se divorciaba, y que había quedado en bancarrota en los juegos. Me pidió que vendiera el Mercedes y le enviara la mitad de lo que consiguiera por él. ¡Eso es lo que estoy por hacer!»

Este *playboy* sólo está empezando a descubrir lo que la diversión y los juegos le van a costar. Las consecuencias de la infidelidad generalmente repercuten a lo largo de toda la vida y alcanzan a todos los miembros de la familia. Estoy agradecido, como ya expresé, de que nunca viví ese tipo de presiones, que en cambio destruyeron a algunos de mis amigos. Shirley y yo ya hemos estado casados por treinta y un años, y me siento inmensamente feliz por ello. No tengo camisas estridentes, y nos trasladamos en una furgoneta y un auto de cuatro puertas. Sin embargo, *sí* me vi confrontado durante los cuarenta con algunos de los pensamientos perturbadores que acosan el alma de otros hombres en la mediana edad.

Es casi imposible atravesar el increíble abismo que transcurre de los treinta a los cuarenta, sin transitar durante algún tiempo por un oscuro valle. Mi travesía no fue una excepción. Durante al menos siete años, atravesé un período que puede con justicia describirse como de «afirmación contemplativa». Durante esos años me encontraba atareado con muchos pensamientos desestabilizantes que resuenan en la mente de un hombre que repentinamente advierte que no va a vivir para siempre. Sea cristiano, ateo, agnóstico, o de la Nueva Era, *debe* enfrentar este tipo de preguntas: «¿Quién soy, *realmente*?» «¿Qué estoy haciendo aquí?» «¿Es esta la forma en que quiero ocupar el resto de mi vida? «¿Qué es lo que realmente me interesa?» «¿Quién me ha puesto aquí?» «¿Qué tenía él en mente para mí?» «¿Está alguien llevando el registro de lo que hago?» «¿Hay vida después de la muerte?» «¿Qué será morir?» Estas y muchas otras preguntas similares parecen descender en rápida sucesión sobre los hombres en la mediana edad.

Como creyente comprometido con Jesucristo, ya había respondido a las preguntas relativas a mi fe y a la relación con mi Creador. Sin embargo, necesitaba transferir mis creencias del nivel de abstracción juvenil a un nivel de realidad personal. También necesitaba tomar una nueva perspectiva sobre mis circunstancias y objetivos. ¿Ha arribado usted a ese punto en la vida? ¿Ha tenido alguna vez la sensación de que estaba corriendo tan rápido y estaba tan comprometido y enredado con la tarea de vivir que no alcanzaba a percibir el 90 porciento de lo que estaba sucediendo a su alrededor? Eso era lo que pasaba por mi mente entonces. Para cuando había terminado de pagar mis impuestos, arreglado las goteras del techo, cambiado las cubiertas del auto, criado a mis hijos, terminado mi trabajo, y todo lo que se esperaba de mí, toda una década había pasado y no era más que una nebulosa en mis memorias. Todos pasamos por tiempos como éstos en los que tenemos que detenernos y decir: «Un momento, necesito reflexionar un poco. Que el mundo deje de hablarme a los gritos, hasta que logre reunir las partes de mí mismo».

Este proceso de reevaluación me llevó alrededor de siete años. Emergí con un compromiso más profundo hacia las cosas esenciales que había estado buscando... una decisión de «mantener el rumbo». Concretamente, hubo dos conclusiones que se destacaron, y ahora son los ejes centrales de mi sistema de valores. Ninguna de ellas es algo nuevo ni particularmente exclusivo, pero quizás mis lectores encuentren útil revisar los fundamentos en que se asienta la estabilidad familiar y espiritual.

La primera percepción que modeló mi actitud hacia todo lo demás, ya ha sido mencionada aquí. Tuve que enfrentarme cara a cara con la impactante brevedad de la vida. El paso del tiempo había parecido una cinta bien aceitada que se deslizaba entre mis firmes dedos. Pero en realidad, la mía era una visita breve por este planeta. Produce un tremendo impacto cuando por primera vez advertimos plenamente que estamos simplemente «de paso».

Recuerdo que un día estaba sentado en la iglesia, cuando tenía cuarenta y ocho años y pensaba qué sería tener cincuenta años. Luego pensé en la muerte de mi padre a los sesenta y seis. «Caramba», me dije, «quizás me queden sólo dieciocho años por delante». Luego empecé a calcular qué significaban esas cifras. (El sermón de esa mañana no debe haber sido muy inspirador...) Rápidamente advertí que si ya había vivido cuarenta y ocho y me quedaban dieciocho, significaba que había «quemado» el 72 porciento de mi tiempo total disponible. ¡Qué sacudida para un hombre que todavía se sentía como un pequeño del colegio! Nueve años antes, todavía estaba en la treintena... todavía me consideraban joven... pero de aquí a dos años entraría en los cincuenta... con sólo un 24 porciento del tiempo de vida por delante. Lo que es más, no había la menor garantía de que me asignaran ni una sola hora extra.

Pensé otra vez en el significado de la expresión «mediana edad». Esta designación es en realidad un seductor engaño para la mayoría de nosotros; por la mitad de la década de los treinta estamos propiamente en la mitad de la vida, y los cuarenta son en realidad la edad de los «dos tercios». En mi caso, a los cuarenta y ocho estaba transitando por los tres cuartos de la vida. Quizás una etapa cargada de humor, pero sin duda un duro golpe para este tipo que se consideraba un hombre realmente joven.

También recibí insultos. Ocurrió un incidente que llegó a ser un hito para mí. Fui un día a la Asociación Cristiana de Jóvenes para jugar al baloncesto. Yo no vivía en esa ciudad, y no conocía a los muchachos que jugaban regularmente en Dallas. A estos adolescentes les debo haber parecido un viejo de ochenta ese día en la cancha. No entendían cómo a un tipo decrépito como yo, se le ocurriría jugar un deporte de jóvenes. ¿Pero qué podían hacer? Yo estaba allí y tenían que incluirme.

Armamos los equipos, y a mí me tocó marcar a un atleta negro de diecisiete años. Este muchacho tenía mucho talento natural y lo sabía. Era muy ágil. Pese a lo disparejo de nuestra situación, enfrenté el desafío. Me sumergí unos veinte años atrás y extraje algunos movimientos ya largo tiempo olvidados. La adrenalina circuló por todo mi organismo, y la vieja destreza acudió. Con suerte y esfuerzo, metí tres dobles seguidos en la propia cara de este joven sobresaliente. Entonces el muchacho dio un paso atrás, se calzó las manos en la cadera, y dijo: «¡Hombre! ¡Debe haber sido brillante en su mejor época!»

Sus palabras me dieron en el pecho. «¿Mi mejor época? ¡Ni siquiera la recordaba!» Poco después, tomaba mi campera y me encaminaba al hotel. Mi autoimagen se tambaleó violentamente durante varios días.

Muchos autores han intentado describir el impacto emocional que implica aprehender por primera vez la brevedad de la vida. Una de las descripciones que más me gusta es la que hace una mujer llamada Erma Bombeck. Estaba invitada a un programa de televisión, «*Phil Donahue Show*», donde le preguntaron si le perturbaba que supieran su edad.

«En absoluto», respondió.

«¿Qué edad tiene, entonces?», preguntó Phil.

«Estoy en algún punto entre los estrógenos y la muerte», fue su respuesta.

Algunas de las expresiones de la Sra. Bombeck en realidad no son graciosas; más bien, contienen impactantes observaciones acerca de la vida. Una de esas afirmaciones acerca del proceso de envejecer apareció en su libro *If Life Is a Bowl of Cherries, What Am I Doing in the Pits?* En esa antología, se incluía una breve obra titulada: «¿Cuándo la madre se vuelve hija, y la hija se vuelve madre?» Allí enfocaba su propia relación con su madre, en la que se había producido un crítico intercambio de roles a lo largo del tiempo. Su madre siempre había sido fuerte, segura, independiente. Erma la admiraba y había intentado formarse a semejanza de la mujer que la había traído al mundo. Pero en los últimos años, la madre se estaba volviendo notoriamente infantil.

Erma notó por primera vez el cambio cuando estaban viajando en auto un día. Ella conducía, y su madre estaba sentada en el asiento delantero. De pronto, se presentó una emergencia que obligó a Erma a frenar bruscamente. Instintivamente, extendió el brazo para evitar que su madre se golpeara en el parabrisas. Cuando pasó el susto, las dos mujeres quedaron mirándose. Ambas advirtieron que algo había cambiado en su relación... en años anteriores mamá hubiera intentado proteger a Erma.

Luego llegó esa fiesta familiar en la que Erma hizo la comida especial, y su madre puso la mesa. Era obvio que la madre se estaba transformando en hija y la hija en madre. A medida que pasaba el tiempo, la transformación se hacía cada vez más dramática. Cuando iban juntas de compras, era Erma quien decía: «Mira qué bonito te sienta ese vestido». «Lleva tu abrigo para que no sientas frío en la tienda». En su mente hacía eco el consejo de una madre preocupada: «Ciérrate el saco, Erma. Ponte las botas, abrígate, cuídate».

Erma entendió que su madre le pedía que desempeñara un nuevo rol, pero lo resistía con todas sus fuerzas. No quería ver a esta mujer fuerte y noble tornarse dependiente... infantil... insegura. Pero la marcha inexorable del tiempo no podía evitarse. Tenía que despertar a su madre de noche para llevarla al baño, y hacerse cargo de la mayor parte de sus necesidades físicas. Cuánto había cambiado la relación. Cuando Erma estaba en el Jardín de infantes, había hecho una «mano» de arcilla que por años había estado como adorno en la cocina. Cuarenta años después, su madre asistía a un taller de artesanías para personas mayores, e hizo un adorno de macramé que luego quedó como adorno en el dormitorio de su hogar.

A medida que la senilidad empezó a instalarse, Erma encontró que su propia frustración iba *in crescendo*. «¡Mamá!», exclamaba, «¿podrías *por favor* dejar de decir que viste a papá anoche? *Sabes* perfectamente que hace diez años que no está». Pero mamá no lo podía evitar, porque su cerebro no estaba funcionando bien. Eso fue lo que completó la transformación. La madre había llegado a ser la hija, y la hija había llegado a ser la madre.

Poco después, Erma y su propia hija estaban un día en el auto. De pronto se congestionó el tráfico y hubo una frenada súbita. Instintivamente, la hija extendió el brazo para evitar que Erma se golpeara en el parabrisas. Se miraron una a la otra por un instante y Erma dijo: «¡Dios mío, qué rápido!»

¡Realmente, qué rápido! Una de las más traumáticas experiencias durante mis cuarenta fue observar cómo mi madre se transformaba en una hija para mí, y comenzaba a considerarme como su padre. Ella y papá habían sido verdaderos amigos, y perder a su compañero había sido devastador. Nunca se recuperó totalmente de su muerte repentina. Era como si la hubieran partido por la mitad.

Recuerdo haber hecho una breve visita muy paternal a mi madre, que vivía en un Hogar. Después de irme, anoté una parte de nuestra conversación, como un recuerdo de esa etapa de su vida. Así fue como transcurrió nuestro diálogo:

«¿Cómo te va hoy?»

«Me defiendo».

«¿Extrañas a papá hoy?»

(Pausa) «Lo extraño todos los días».

«Lo sé. ¿Qué te imaginas que está haciendo ahora?»

«Me gustaría saberlo. Probablemente ande por Marte o Júpiter averiguando de qué están hechos».

«Lo amabas, ¿verdad, mamá?»

«Sí, lo amaba».

«Mamá, me preocupa que estés mucho tiempo en esta vivienda. Necesitas salir y mezclarte con la gente... involucrarte en algo».

«No, estoy bien aquí. No tengo deseo de hacer otra cosa».

«Te amo, mamá».

«Te amo, hijo».

El hijo se estaba transformando en padre y la madre se estaba transformando en hija. Su mente empezó a decaer, y muchas de las experiencias de Erma Bombeck se volvieron también mías. Mamá se vio luego afectada por el mal de Parkinson, y lentamente empezó el descenso hacia su muerte en 1988. Tuvimos otra conversación veintiún meses antes de que nos dejara, que resultó ser histórica. Registré los siguientes comentarios en un dictáfono de bolsillo, inmediatamente después de ese memorable encuentro.

Shirley y yo acabamos de visitar a mi madre en el hogar en el que vive. En las últimas semanas se ha profundizado su senilidad, y no puede comprender lo que le decimos ni comunicarse con nosotros. Sin embargo hoy el Señor nos dio una pequeña concesión. Estaba dormida cuando llegamos, y nos sentamos suavemente a su lado para despertarla. Nos reconoció en el acto, y por primera vez en muchas semanas pudo expresar sus pensamientos y comprender el amor que le ofrecíamos. Aproveché la oportunidad, temeroso de que no hubiera otra, para acariciar su frente y palmearle la mano, y agradecerle por haber sido una buena madre. Le agradecí por haber sido una buena esposa para mi padre, la buena esposa de un pastor, si bien era él quien había sido llamado para el ministerio. Le agradecí por haber vivido de acuerdo a los principios del cristianismo, y haber sido fiel a Cristo, a quien aceptó cuando tenía veinte años de edad. Le acaricié el rostro y le agradecí por haberse sacrificado durante mis años de estudio, renunciando a cosas que le hubieran sido necesarias. Le agradecí por haber venido a nuestra casa cuando estábamos de luna de miel, y haber puesto mercadería y artículos varios en el armario, cosas que yo sabía que ella no tendría en su propia alacena. Le dije cuánto la amábamos, no sólo nosotros, sino el mismo Señor. Ella sonrió —entendió. Me tomó la mano y dijo: «Tú sabes que he estado pensando». «¿Qué has estado pensado?» «Que ya estoy cerca del final. Casi he concluido. Ya está casi todo hecho». «Cuando cruces ese puente, mamá», le dije, «sabes que papá te estará esperando del otro lado». Sonrió y entendió. Luego le dije: «Jesús también te está esperando. Y él te dirá: "Bien hecho, buen siervo y fiel"». Luego oré por ella y agradecí al Señor por la influencia de una buena mujer, y por el amor que ella me había dado. Ella nos respondió afectuosamente, y nos despedimos. En esta etapa de la vida, nunca sabemos cuándo se producirá la última oportunidad de comunicarnos corazón a corazón. Si ésta resulta ser esa última ocasión, estoy agradecido al Señor por su presencia hoy en esta habitación.

Tal como sucedieron las cosas, esa *fue* la última conversación coherente que tuve con mi madre. Siempre estaré agradecido por aquellos momentos culminantes tan cerca de su partida.

Este rápido paso del tiempo no es obvio únicamente en esos años cruciales de la mediana edad, si bien se hace más evidente a medida que envejecemos. Sugiero a los más jóvenes que hagan su propia investigación. Observen cuidadosamente a su familia, especialmente la cambiante relación con sus hijos. Es allí, en lo cercano y más personal, que el ritmo de la vida se nos hace obvio. Si usted estuviera viajando en un tren de pasajeros y quisiera evaluar la velocidad a la que el tren está desplazándose, las montañas distantes no le serían de mucha ayuda. Sería más apropiado mirar la tierra próxima a las vías. De la misma forma, los seres amados más cercanos a nosotros son la mejor evaluación de los cambios dramáticos que nos suceden. Los niños son pequeños por muy poco tiempo, y un día ni siquiera es igual al anterior. Es en el crecimiento y desarrollo de los niños donde podemos observar la naturaleza dinámica de la vida.

Casi puedo esucharlo decir: «¡Qué ideas tan morbosas! ¿Por qué habría alguien de querer contemplar el paso del tiempo y concentrarse en la brevedad de la vida?» La respuesta viene directamente de las Escrituras. ¡La cualidad temporal de esta vida es un concepto bíblico de suma importancia! El rey David dijo: «El hombre, como la hierba son sus días; florece como la flor del campo, que pasó el viento por ella, y pereció, y su lugar no se conocerá más» (Sal. 103.15-16). Moisés compartió la misma perspectiva, y expresó: «Enséñanos de tal modo a contar nuestros días, que traigamos al corazón sabiduría» (Sal. 90.12). La sabiduría, como habrá notado, proviene de comprender el carácter temporario de nuestra vida. Jesús, por su parte, se refirió a un hombre rico que pensaba que tenía muchos años por delante, y lo llamó «necio». Nosotros también seríamos necios de suponer que las cosas siempre seguirán tal como son, o que los asuntos de la eternidad pueden ser considerados más adelante. Todos sabemos que «esta noche vienen a pedirte tu alma» (Lc. 12.20). Si esa es la naturaleza de la existencia humana, entonces haríamos bien en reconocerlo, y vivir de acuerdo con ello. ¡*Esto* fue lo que me impactó con tanta fuerza en la mediana edad!

Pasemos ahora a la segunda conclusión fundamental que emergió de mi propio desasosiego en la mediana edad. Fue la siguiente: La *única* verdadera fuente de sentido en la vida está en el amor de Dios y de su Hijo Jesucristo, y en el amor por la humanidad, empezando por nuestras propias familias. Comparado con este esencial sistema de valores, todo lo demás resulta mezquino e insignificante. ¡Realmente, *debe* haber alguna razón más válida para vivir que la mera obtención de dinero y posesiones!

Shirley y yo hemos visto el mundo material desde el lado de abajo, se los puedo asegurar. No teníamos absolutamente nada cuando nos casamos, y pasamos alrededor de diez años en las mismas condiciones. No teníamos problemas financieros porque no teníamos finanzas. Finalmente, logré terminar el programa doctoral en la Universidad del Sur de California, y me zafé del opresivo sistema arancelario que nos había estado asfixiando. Después de mi graduación, me integré de inmediato al cuerpo docente de la Escuela de Medicina en la misma universidad, y empecé a percibir un salario adecuado para vivir. Luego escribí mi primer libro, y finalmente pudimos comprar y amueblar la casa en la que todavía vivimos.

No sería honesto si negara la satisfacción que nos produjo establecer este hogar y un «lugar» para nuestros niños. Sin embargo, durante los años de la mediana edad, advertimos cuán temporarias y vacías podían ser todas esas cosas si no las manteníamos en la perspectiva apropiada. El Señor supo usar algunas lecciones cotidianas objetivas para enfatizarnos esta verdad a Shirley y a mí. En una ocasión, fue un simple juego de mesa el que llamó mi atención. De niño me apasionaba por esos juegos, y me gustaba especialmente el juego del Monopolio. ¡Podía enfrentar y desafiar a los mejores jugadores! Pero esos días ya estaban lejos y casi olvidados cuando nuestra hija de dieciséis años llegó a casa impresionada con un «juego nuevo que se llama Monopolio». Nos rogó a Shirley y a mí que le diéramos con el gusto, y lo hicimos.

Nos sentamos a jugar una noche después que Ryan se había ido a dormir, y el juego captó de inmediato mi entusiasmo de antaño. ¿Cómo no iba a hacerlo? Empecé ganando desde el primer momento. En poco tiempo era propietario de negocios, parques de diversiones, de las regiones de Illinois, Kentucky, Indiana, y hasta el Báltico y el Mediterráneo. Empecé a poner pequeñas casitas verdes por todos lados, y pronto las canjeé por grandes hoteles rojos. Era maravilloso. Mi familia se retorcía y yo disfrutaba. Tenía billetes de 500 dólares amontonados bajo el tablero, en mis bolsillos y hasta en el zapato. Lo que estaba experimentando era pura y llanamente la más cruda y simple ambición.

El juego terminó precipitadamente cuando Shirley y Danae aterrizaron sucesivamente en mis hoteles y sufrieron la bancarrota irreversible. De pronto, el juego había terminado. Yo había ganado. Mi familia ya estaba un poco disgustada con mi conducta poco deportiva, de modo que se marcharon a la cama y me dejaron solo guardando el juego. Allí estaba sentado en nuestra sala alrededor de la medianoche, sintiéndome extrañamente vacío e insatisfecho. Todo mi entusiasmo inicial y mi energía competitiva no tenían dónde volcarse. Había ganado el juego. ¿Y qué? Empecé clasificando todo mi dinero y guardándolo laboriosamente en la caja. Mis preciosos billetes de 500 dólares fueron restituidos con desgano al «banco». Luego apilé y ubiqué mis propiedades atesoradas... negocios y parques de diversiones incluidos. Toda la fortuna que había amasado estaba desapareciendo bajo mis propios ojos.

Fue entonces que al parecer el Señor quiso hablarme. No era una voz audible, pero estas fueron mis reflexiones esa noche:

Jim, presta atención. Estoy por enseñarte una lección. Lo que han estado jugando no es simplemente el juego del Monopolio. Se parece mucho al juego de la vida. Primero sudas y luchas para obtener cosas... para construir y crecer... para

abrir cuentas bancarias, obtener propiedades, aportes jubilatorios, un pedazo de tierra. Te pasas la vida *acumulando*...
en busca de seguridad. Y luego un día, se acaba de pronto.
Te abres camino preocupándote sólo por tus propios negocios, cuando un día un extraño dolor asciende gradualmente
por el pecho y se extiende al brazo derecho. «¿Podrá ser...?»,
te preguntas. O bien al ducharte una mañana notas de
pronto un bulto en el abdomen. «No había notado eso antes.
Quizás debiera hacerme ver». O estás manejando el auto y
haces un cambio súbito de carril sin mirar por el espejo
retrovisor. En un instante, toda la carrera por la seguridad y
los bienes queda a un lado. El juego termina y todo tiene que
volver a la caja. Las reglas especifican que no puedes llevarte
nada contigo. Ni un centavo. No hay camiones de mudanza
tras los acompañamientos fúnebres. Llegamos al mundo con
los puños cerrados y nos vamos con las palmas abiertas. Así
es la vida. Cada persona debe responder entonces la pregunta que se le hizo al rico necio: «Y lo que has provisto, ¿de
quién será?» (Lc. 12.20).

Desde la antigüedad, los hombres han tratado desesperadamente de ganar la partida y alcanzar algún grado de
inmortalidad. Los egipcios construían pirámides y los llenaban con riquezas materiales en la esperanza de llevárselas
consigo al otro mundo. Lo siento, Faraón. Apenas unos siglos
más tarde, los profanadores de tumbas arrebataron las ga-
nancias de ese error de cálculo. Hace cientos de años que los
españoles buscaban «la fuente de la eterna juventud» para
revertir las huellas del tiempo. Era una bonita ilusión.

Esa búsqueda continúa todavía. Algunas de las formas
modernas en que los hombres procurar «vivir» más allá de
la tumba son las siguientes:

1. *Por medio del arte*. Rembrandt, Picasso, Mozart, Bach,
   Beethoven y Frank Lloyd Wright, lograron perpetuar su recuerdo después de la muerte.

2. *Por medio de la filantropía*. Carnegie, Rockefeller y
   Huntington aseguraron su lugar en la cultura

construyendo bibliotecas, salas de concierto y hos-
pitales, todo a su memoria.

3. *Por medio de los negocios.* Ford, Krupp, Getty y los
hermanos Warner inmortalizaron sus nombres...
al menos desde este punto de vista.

4. *Por medio de los hijos.* Enrique VIII estaba desesperado por un heredero porque anhelaba que su
sangre y su herencia continuaran después de su
muerte.

5. *Por medio de la literatura.* Platón, Shakespeare y
Dostoievsky serán recordados por siglos.

6. *Por medio de la política y la historia.* Washington, Lin-
coln, Churchill y Roosevelt han asegurado su lugar
en la historia.

7. *Por medio de la conquista.* Alejandro el Grande, Julio
César, Hitler, Stalin y Mao Tse Tung son ejemplos
notables.

8. *Por medio de la ciencia.* Galileo, Newton, Einstein, Edi-
son, Hubble, lo lograron.

9. *Por medio de la criopraxis.* Un esfuerzo más reciente
ha llevado a algunas personas, como Walt Disney,
a hacer que mantengan sus cuerpos congelados en
criptas especiales, con la esperanza de que la técnica
médica en el futuro los devuelva a la vida. ¡Suerte!

Quedan aún otras maneras de enfocar el paño mortuorio
que pende sobre toda la humanidad... ese temible espectro
de la muerte. Sin embargo, todas padecen de un error esencial. Sólo permiten que el *recuerdo* de una persona escape de
la cruel guadaña. Tarde o temprano, aun aquellos que alcanzan inmortalidad cultural, mueren igual que todos los demás. Como el soldado anónimo en las baladas de la guerra:
«Su cuerpo yace pudriéndose en la tumba».

La verdadera vida eterna sólo proviene de una fuente única. Es un regalo gratuito a aquellos que creen en el Señor Jesucristo y aceptan el perdón de sus pecados. Sólo por esta única Puerta podemos escapar del aguijón de la muerte y la «victoria» del cementerio.

«Todo lo que ha dicho es cierto», podrían responderme críticamente, pero también es cierto que no estoy acumulando bienes para mi propia satisfacción. Mi meta es pasárselo a mis hijos y a las generaciones futuras. Quiero que a ellos les resulte más fácil de lo que me resultó a mí... que puedan disfrutar de ese comienzo firme que sólo provee el dinero».

Shirley y yo hemos pasado muchas horas pensando y conversando acerca de estas cosas en relación a nuestros propios hijos. Aun si nos fuera posible dejarles un gran capital, ¿sería sabio hacerlo? Creo que no. Requiere pulso firme sostener una copa llena, y muchas personas jóvenes han sido destruidas por el dinero que llegó fácil a sus vidas.

En un estudio sociológico publicado bajo el título *Rich Kids,* leemos estudios de casos individuales de personas que heredaron grandes fortunas. Las observaciones eran coincidentes: la riqueza transferida a la segunda y tercera generación característicamente produce calamidades en la vida de quienes la heredan. Perdieron el incentivo para el trabajo. Vivieron libertinamente. Despilfarraron vergonzosamente sus bienes. Algunos llegaron al suicidio. El apóstol Pablo estaba en lo cierto cuando dijo: «El amor al dinero es la raíz de todos los males».

¿Por qué habríamos de desear, entonces, infligir este «mal» a nuestros queridos hijos? Tampoco quiero irme al otro extremo. Es sensato ayudar a la generación siguiente a arrancar, o quizás ayudarlos en la adquisición de su primera casa. Pero si nuestro objetivo es generar *riqueza* para quienes no la van a ganar por sí mismos, estamos poniendo a nuestros amados hijos en grave riesgo de un engaño satánico. Por otro lado, no debiéramos estar tan atareados intentando darles a nuestros hijos lo que nosotros no tuvimos cuando niños, que no podamos darles lo que *sí* tuvimos como hijos.

Quizás ahora quede claro porque resurgí de la mediana edad con algunos conceptos firmemente establecidos. Mis hijos (y otras personas) son las *únicas* cosas que puedo llevar a la eternidad conmigo. Por esa razón renuncié a la cátedra de medicina allá por el año de 1977 y rechacé casi todas las invitaciones que me llegaban para disertar. Comprendí claramente que Danae y Ryan eran residentes temporarios en nuestro hogar... que pronto crecerían y que serían independientes. Ser padres es una tarea a corto-plazo y la oportunidad de orientar y ejercer influencia sobre mis hijos era una cuestión de «ahora o nunca». Por lo tanto, reorienté mis responsabilidades profesionales y me centré especialmente en mi familia. He hecho algunas malas decisiones en mi vida, y una que otra buena, pero esta fue de las más brillantes que tomé. El nido quedó pronto vacío y agradezco a Dios que no desperdicié el más preciado privilegio de participar en la vida de mis hijos.

Permítame concluir con una carta que escribí el día que nuestro hijo Ryan dejó la casa para ir a la Universidad. Quizás sea un adecuado punto final a esta puesta al día que he querido hacer sobre uno de los temas más importantes de los que me he ocupado. En esta carta están incorporadas todas las conclusiones básicas a las que arribé durante los años de la mediana edad, y que hubiera querido haber comprendido al ingresar a la adultez.

Han pasado veintitrés preciosos años desde aquella mañana del 6 de octubre de 1965 en que nuestro primer hijo vino al mundo. Un apasionado amor a primera vista nació ese día entre este novicio papá y su hija Danae Ann, que pasó a ocupar el centro del escenario en la familia Dobson. ¡Cuánto amaba a esa pequeña! Se quedaba llorando en el umbral cada mañana, cuando me marchaba al trabajo, y luego corría sin aliento, riéndose, para recibirme al final de la jornada. Cualquiera hubiera pensado que habíamos estado separados por meses. ¿Podré alguna vez amar a otro niño tanto como a ella?, me preguntaba.

Cinco años más tarde, un muchachito llamado James Ryan hizo su entrada triunfal y todo volvió a ocurrir como la primera vez. Era mi niño, el único hijo varón que tendría el privilegio de criar. Qué alegría me daba verlo crecer, desarrollarse, aprender. Qué orgulloso me sentía como padre, de que se me hubiera confiado el bienestar de su alma. Yo lo acostaba todas las noches cuando era pequeño, y reíamos, jugábamos, y hablábamos de Jesús. Yo escondía los animalitos de peluche de su hermana por toda la casa, y luego apagábamos las luces y los buscábamos con una linterna y un rifle de juguete. El nunca se cansaba de ese juego tan simple. Pero los días de juego han terminado.

Esta mañana marca el comienzo formal del «nido vacío» para Shirley y para mí. Danae se ha graduado hace un año y ya está construyendo con entusiasmo su propia vida. Nos fue difícil dejarla partir, en 1983, pero nos consolaba el hecho de que Ryan seguiría con nosotros durante seis años más. Qué velozmente han pasado esos meses, y hoy, nuestros años de ejercicio formal de la paternidad acaban de terminar repentinamente. Acompañamos a Ryan al aeropuerto, de donde partió hacia Colorado para cursar un programa de verano de cinco semanas. Luego en agosto, su plan es entrar en la universidad. Aunque vendrá periódicamente a casa, nuestra relación no será la misma. Quizás sea aun mejor, pero lo cierto es que será distinta, y nunca me han gustado los cambios irreversibles.

Aunque hace muchos años sabía que este momento iba a llegar, y aunque había ayudado a otros a enfrentar experiencias similares, admito francamente que la partida de Ryan fue un golpe duro. Durante las últimas dos semanas, hemos tenido que hacernos cargo de una enorme acumulación de trastos en su habitación. Ryan es una persona que colecciona cosas que a nadie más le interesarían: viejos carteles viales, maquetas rotas, cañas de pescar. La familia entera se hizo vacunar contra el tétano, y luego nos sumergimos en los deshechos. Finalmente anoche, Shirley y Ryan terminaron de empacar las últimas cajas y vaciar el último cajón. La tarea había concluido. Sus valijas estaban cerradas, y nuestro hijo estaba listo para marcharse.

Ryan vino a mi estudio cerca de la medianoche, y nos embarcamos en otra de las interminables charlas que tanto he disfrutado. Siempre le ha gustado conversar al final de la jornada: es algo demasiado personal como para compartir con otros. Sólo puedo decir que la mañana llegó demasiado rápido, y partimos en familia hacia el aeropuerto. Allí me encontraba, conduciendo por la autopista, cuando súbitamente me invadió una ola de dolor. Pensé que no iba a soportar verlo partir. No es que temiera por él o que no pudiera avisorar un futuro delante suyo. No, lo que me dolía era la etapa que concluía, un tiempo precioso de mi vida en que nuestros hijos eran pequeños y sus voces resonaban en las habitaciones de la casa. No pude reprimir las lágrimas cuando nos abrazamos despidiéndonos frente a la puerta de embarque. Shirley y yo regresamos solos a casa, donde nuestro hijo y nuestra hija habían crecido desde bebés hasta adultos. ¡Y ahí me volví a quebrar!

La casa que habíamos dejado tres horas antes en un torbellino de actividad, se había modificado durante nuestra ausencia. Se había transformado en un monasterio, en una morgue, un museo. El silencio nos dejaba sordos a ambos. Cada rincón albergaba un recuerdo que flotaba por el aire. Arrastré mis pasos hasta la habitación de Ryan y me senté en el piso junto a su cama. En ese rincón alguna vez había estado su cuna. Aunque habían pasado muchos años, casi podía verlo, gateando, corriendo, y saltando hacia mis brazos. Qué época feliz de mi vida había sido esa. También estaba allí el fantasma del niño de jardín de infantes, con su flamante disfraz de vaquero y su bolsita con el almuerzo. Esas imágenes están hoy frescas en mi memoria. Luego apareció frente a mí el muchachito de siete años. Sonreía, y noté que le faltaban los dientes de leche. Tenía la habitación llena de escarabajos y ranas y una tarántula apodada Pebber. Extendí los brazos para abrazarlo, pero desapareció silenciosamente. Luego entró arrastrando los pies un adolescente desaliñado que arrojó sus libros sobre el escritorio. Me miró como si me dijera: «¡Vamos, papá, ármate de valor!»

Vinieron ahora a mi mente mis propias palabras. Recuerdo haber dicho en la segunda serie de películas que grabamos, *Turn Your Heart Toward Home*, que pronto llegaría el día en que «las cámaras de la bicicleta estarían desinfladas, la patineta rota y abandonada en el garaje, la hamaca inmóvil, y las camas sin usar. Llegarán las Navidades y no habrá medias colgadas en la chimenea, y la sala estará muy silenciosa. Sé que ese tiempo llegará muy pronto, y reconozco que así debe ser. Lo acepto. Por nada del mundo trataría de retener a mi hija o a mi hijo cuando llegue el momento de que partan. Pero ese también será un día muy triste, porque habrá terminado para mí la preciosa experiencia de criar a mis hijos». Vaya, el día que había avizorado ahora acababa de llegar.

Si piensa que soy perdidamente sentimental en relación a mis hijos, no se equivoca. Lo más emocionante en mi vida ha sido el privilegio de criarlos día a día en obediencia al Señor. Sin embargo, no había imaginado que sufriría tanto el día que partiera Ryan. Creía que estaba preparado para enfrentar ese momento, pero advertí de inmediato lo vulnerable que soy respecto a las personas que amo.

En un sentido, sin embargo, no es meramente el fin de la tarea formal de crianza la que ha hecho tambalear mi mundo hoy. Me duele la condición humana. Cuando Ryan abordó el avión, comprendí una vez más la brevedad de la vida y el carácter temporario de todas las cosas.

Allí sentado en el piso de su habitación, no sólo oí la voz de Ryan sino las voces de mi madre y de mi padre, que habían reído y amado en ese lugar. Ahora no están. Llegará un día en que Shirley y yo nos reuniremos con ellos. Sólo estamos «de paso», como solían decir los compositores de himnos. Toda la vida se resume en una serie de felices «bienvenidas» y tristes «adioses». Nada es realmente permanente, ni siquiera las relaciones que florecen en un hogar armonioso. A su debido tiempo, debemos abrir la mano que sujeta todo aquello que amamos. Sí. Sentí una escalofriante brisa de cambios en mi hogar esa mañana, y comprendí bien lo que significaba.

Si realmente captáramos la brevedad de nuestras vidas sobre la tierra, estaríamos seguramente más motivados a invertir en valores eternos. ¿Se complicaría en adulterio un hombre de cincuenta años si supiera cuán pronto va a estar de pie delante de Dios? ¿Se amargaría tanto una mujer por los conflictos con la parentela y otras mezquindades, si supiera que le queda poco tiempo por delante? ¿Se consagrarían hombres y mujeres a la obtención de riquezas y símbolos de prestigio, si advirtieran cuán pronto esas posesiones les serán arrebatadas de sus temblorosas manos? Es la ilusión de la permanencia la que distorsiona nuestra percepción y modela nuestro comportamiento egoísta. Cuando logramos enfocar los valores eternos, nuestro mayor deseo es el de agradar al Señor e influir para su gloria a cuántos podamos de las personas que amamos.

Esta es la pregunta importante que planteo a cada uno de mis lectores. Si comprendiéramos plenamente que el alma eterna de nuestros hijos está hoy suspendida en la balanza, que sólo si los ganamos para Cristo podremos pasar la eternidad con ellos, ¿modificaríamos la manera de vivir este día? ¿Ignoraríamos y descuidaríamos una oportunidad tan preciosa, si nuestros sentidos se abrieran plenamente a esta asombrosa responsabilidad? Creo que no. Es mi oración que no.

Me dirijo ahora a madres y padres de niños pequeños, y los insto a mantener esta perspectiva eterna mientras encaran la carrera de la vida. No se dejen descorazonar por las responsabilidades de la crianza. *Es* una tarea agotadora y difícil, y hay ocasiones en que sentirán deseos de darse por vencidos. ¡Pero les ruego que se mantengan firmes! Pónganse de rodillas delante del Señor y pídanle fortaleza y sabiduría. ¡Acaben el trabajo para el cual él los ha llamado! No hay tarea más importante en la vida, y lo comprenderán mejor cuando estén donde Shirley y yo estamos parados hoy. Antes que puedan pestañear, estarán diciéndole adiós a sus hijos, y regresando a una casa vacía. Así es la vida.

Dios los bendiga a todos. Los amo en el nombre de Cristo.

2

El hombre y su identidad sexual

Antes de retornar al texto de la primera edición de este libro, es necesario afirmar nuevamente el asunto que inicialmente nos motivó a escribirlo. Nuestro propósito era redefinir el significado de la masculinidad en un mundo que se estaba volviendo un tanto loco. Los conceptos tradicionales de masculinidad y femineidad han sido vapulados y ridiculizados durante más de veinte años, creando confusión tanto a los hombres como a las mujeres. La revisión de los esquemas tradicionales de conducta ha conducido a un estilo absurdo en la relación entre los sexos. ¿Debe un hombre ponerse de pie cuando una mujer entra en la habitación? ¿La complacerá si le abre la puerta? ¿Debe cederle el asiento en el ómnibus o el subterráneo? ¿Han cambiado todas las reglas? ¿Queda algo predecible y seguro en el nuevo orden establecido?

Si bien estas cuestiones acerca de la etiqueta podrían parecer superficiales a primera vista, en realidad no lo son en absoluto. Reflejan actitudes mucho más profundas que tienen consecuencias de largo alcance. Somos, después de todo, seres sexuados. Todo lo que hacemos está influenciado por nuestro género particular. La primera pauta de autoidentidad que desarrollamos siendo pequeños es nuestra diferenciación en varones y niñas. Cualquier confusión a ese nivel, o en la relación entre los sexos, debe considerarse en sí misma como una amenaza a la estabilidad social.

El Dr. Charles Winick, en *City University* de Nueva York, estudió más de dos mil culturas que han existido a lo largo de la historia mundial. Encontró sólo cincuenta y cinco culturas en las que se había borrado la distinción entre masculinidad y femineidad. Ninguna de estas sociedades unisexuales sobrevivió más de unos cuantos años. ¿Por qué no? Porque una sociedad no puede ser más fuerte que la vitalidad que posean sus familias, y las familias son una función de la manera en que los sexos se relacionan mutuamente. La masculinidad y la femineidad no son meramente bonitas costumbres sociales que han ido surgiendo a lo largo del tiempo. Si bien las costumbres pueden variar de una cultura a otra, el vínculo entre los sexos es expresión de poderosas fuerzas que alberga el espíritu humano. Esa atracción no debiera ser objeto de manipulación por parte de ingenieros sociales siguiendo su propia agenda.

Sin embargo, a los ingenieros sociales les encanta entrometerse y han estado chapuceando con definiciones de los roles sexuales, al menos desde 1968 en adelante. Todo lo que se entendía característico de la identidad femenina por miles de años, ha sido desdeñado y ridiculizado. Es notable cómo, en efecto, un grupo muy pequeño de feministas fanáticas (¿recuerda aquellas «quemadoras de corpiños»?) fue capaz de redefinir el rol de la mujer y reorganizar las relaciones entre los sexos. Estas incendiarias han sido hace tiempo desacreditadas, pero no debemos desestimar los cambios que inspiraron en las actitudes sociales. En una sola década, por ejemplo, el término «ama de casa» se transformó en el símbolo de la explotación, la opresión, y... con perdón del insulto... de la estupidez. ¡Qué extraño!

Desde los comienzos de la existencia humana, las mujeres en la mayoría de las culturas se han identificado a sí mismas con las responsabilidades de crianza de los niños. Era una ocupación honrosa que no requería apología alguna. ¿Cómo es, entonces, que la atención del hogar ha caído tan bajo en la perspectiva del mundo occidental? ¿Por qué las mujeres que se quedan en la casa con los niños pequeños son consideradas tan despectivamente por la sociedad en la que viven? Una respuesta parcial se puede encontrar en el incesante bombardeo de los medios sobre todos los valores judeo cristianos tradicionales. La radio, la televisión, la prensa, y la industria del ocio han cambiado literalmente (y deliberadamente) la manera de pensar de occidente.

Han pasado muchos años desde aquel programa especial de televisión sobre el tema de la mujer que condujeron Bárbara Walters y Tom Snyder. Hago alusión a ese programa porque era típico de lo que en ese entonces se ofrecía al público. La emisión se hacía por NBC en los Estados Unidos, en horas centrales, y captaba la atención de todo el país durante toda una velada nocturna. (¡Qué increíble poder de cambio social se ha obtenido con el uso de la pantalla!) Observé cuidadosamente a Walters y Snyder aquella noche, y grabé el programa para usarlo posteriormente. El objetivo que anunciaron fue el de evaluar la situación del mundo de las mujeres en nuestra época, examinando las actividades y compromisos asumidos por el género femenino. Lo que resultó, sin embargo, fue un poderoso recurso propagandístico de lo que entonces era la nueva manera de pensar. Se describía a las mujeres en diversas situaciones de trabajo, desde la conducción de empresas propias hasta puestos públicos. Ni una sola vez en las tres horas de duración del programa, se mencionó el rol de ama de casa, excepto en una referencia despectiva indirecta y vaga a este rol pasado de moda. Quizás habría unos catorce millones de amas de casa viviendo y respirando en el país por ese entonces, pero no se hizo de ellas ni una sola mención en un programa dedicado al mundo de las mujeres. Estoy seguro de que los espectadores captaron el mensaje.

El esfuerzo de reordenar el rol de la mujer se hizo a gran escala, alcanzando todas las dimensiones de la sociedad. Por ejemplo, por esa época recibí una carta de una madre que sentía curiosidad por saber porqué se habían retirado cientos de libros de la biblioteca pública. Cuando investigó, descubrió con espanto que todos los ejemplares que describían hombres y mujeres en un contexto tradicional, habían sido eliminados. Si se mostraba a una mujer cocinando y al esposo trabajando en la fábrica, el libro debía desaparecer. Obviamente, no se dejó piedra sobre piedra en esta campaña destinada a revolucionar nuestras ideas, si bien a nadie se le hubiera ocurrido definirla como una campaña de censura.

Los juzgados también cumplieron un papel importante en ese proceso. Recuerdo haber recibido un llamado de un médico que trabajaba como asesor de un importante *buffet* de abogados. Me preguntó si estaba dispuesto a presentarme como testigo especializado a favor de una compañía californiana. Me explicó que un abogado feminista le había iniciado juicio, en representación de la familia de una niña. Acusaba a la compañía por el grave daño psicológico causado a la niña porque... (prepárese para lo que sigue)... los juguetes se exponían en los negocios respondiendo a probables intereses de cada sexo. A unos tres metros del suelo se exhibía un cartel que leía: «Juguetes para niñas», y en otro lugar, «Juguetes para varones». El abogado sostenía, aparentemente convencido, que la niña había sufrido un daño emocional al «vedársele el acceso» a los juguetes diseñados para varones. Un psiquiatra elevó a la Corte un informe complementario indicando la medida del severo daño que la empresa había causado a la niña. A *ese* grado de estupidez llegaban por entonces las cosas.

Esta campaña dirigida a revolucionar nuestra manera de pensar ha perdido gran parte de su fragor inicial, y el mundo ha pasado a otra cosa. Pero no se equivoque. El cuestionamiento del rol tradicional de la mujer ha encontrado eco, y las cosas nunca volverán a ser igual. Las estudiantes mujeres en *Wellesley College* quizás no estén al tanto de la historia que he relatado, ya que algunas de ellas ni siquiera habían nacido cuando se inició el movimiento feminista. Sin embargo, recibieron su legado. Cuando votaron para que no se invitara a la primera dama norteamericana, Bárbara Bush, para que hablara en la graduación de 1990, porque no había hecho otra cosa que criar a sus hijos y acompañar a su marido, demostraron cuánto de la ideología feminista había penetrado en sus actitudes... especialmente aquellas jóvenes que estaban influenciadas en la universidad por profesores liberales.

No sólo ha habido una revolución en el rol sexual de la mujer; también la masculinidad se ha puesto cabeza abajo. Más allá de los detalles de la etiqueta social que mencioné más arriba, se han realizado planteamientos mucho más profundos. ¿Qué significa realmente ser hombre hoy? Sabemos que es inaceptable mantener la imagen del «macho», sea lo que sea que esto signifique; pero no estamos seguros cómo se espera que nos conduzcamos. Pensemos en la perspectiva que puede tener un joven esposo sobre su nuevo rol, al iniciar su vida matrimonial. ¿Se espera que gane el sustento para mantener a su esposa? Bueno, probablemente no. Quizás ella aporte al hogar más dinero que él. ¿Se espera que él ejerza un liderazgo bondadoso de la familia en las decisiones básicas? En algunos círculos, basta plantear la pregunta para provocar una acalorada discusión. ¿Se espera que el hombre sea estoico y fuerte, o tierno, sensible, emotivo? ¡Vaya! ¿Hay *algo* que diferencie su rol del de su esposa, y dónde puede averiguar qué es lo que se espera de él?

Tiempo atrás, los hombres no se sentían tan inseguros; entendían intuitivamente que había dos responsabilidades primordiales respecto a la familia. Lo que se esperaba de ellos era *proteger* y *mantener* a su esposa e hijos. Y sí que se lo tomaban en serio. Si alguien insultaba a una mujer en el siglo XIX, o antes, muy pronto tendría que vérselas con un airado esposo. No hubiera dudado en dar su vida por ella, si era necesario. El era el custodio de su honor, y ella se sentía segura bajo su cuidado. El hombre se sentía satisfecho por lo que pudiera contribuir, materialmente o de otra forma, al bienestar de su familia. Era esta identidad masculina la que lo ligaba a su esposa e hijos, y le daba un sentido de orgullo y logro respecto a su hombría.

Una de las mayores amenazas que vive la institución familiar actualmente es el debilitamiento de este rol de protección y provisión. Este es el rol para el que fueron equipados los hombres, tanto física como emocionalmente. Cuando se les arrebata, peligra su compromiso hacia su esposa y los hijos. Permítanme expresarlo de manera personal. A lo largo de toda una vida de responsabilidades y compromisos profesionales, la mayor satisfacción la he obtenido del hecho de haber cuidado de cada uno de los miembros de la familia durante más de treinta años. He trabajado duro para proveer a sus necesidades básicas, y a algunos pequeños gustos también. Los he protegido en momentos de peligro y me he dedicado por completo a su bienestar. Mi identidad está estrechamente ligada a ese compromiso con mi familia. Si me arrebataran el rol de protección y sostén, también perdería gran parte del gozo que me brinda la familia.

Quisiera recurrir a un artificio para ilustrar cuánto nos hemos alejado de nuestra comprensión tradicional del concepto de masculinidad. Imagine que, por algún recurso mágico, una delegación de esposos y padres de antaño fuera transportado por el tiempo a visitar nuestra época y presenciar las condiciones que los hombres occidentales han llegado a tolerar. La conversación entre aquella época (digamos 1870) y ésta, podría ser algo así:

El representante actual habla primero, y dice:

«Nuestro propósito, caballeros, es mostrarles las características de nuestra cultura en la década de 1990, que difiere radicalmente de la vuestra. En algunos casos, no será una escena agradable. La nuestra es una sociedad muy violenta, por ejemplo. Sólo en los Estados Unidos de Norteamérica, más de noventa mil mujeres son brutalmente violadas cada año. En ciertas ciudades, una de cada tres mujeres adultas será abusada a lo largo de su vida. Una de cada cinco estudiantes universitarias es violada en las dependencias universitarias... generalmente por alguien a quien conocen. Esta es una desgracia de nuestra época».

«¿Qué?», responderían incrédulos. «Eso es peor que lo que ocurre durante una guerra. ¿Qué se hace para impedirlo?»

«Muy poco, me temo».

«¿Cómo se castiga a los que son aprehendidos?»

«Bueno, a la mayoría de los agresores no se los atrapa nunca. De los que caen, muchos nunca son sentenciados. Sólo un 16 porciento pasará un tiempo en la cárcel».

«¿Qué se hace con los que se declaran culpables? ¿Se fusilan o se llevan a la horca?»

«Oh no, algunos pasan menos de un año en la cárcel y luego se dejan en libertad. Otros quizás lleguen a un máximo de quince años de encarcelamiento antes de ser liberados».

«¡¿Liberados?! ¿Cómo se impide que vuelvan a agredir a una mujer?»

«Desafortunadamente, eso es precisamente lo que muchos hacen».

«¿Y por qué hay tantos hombres que quieren violar y matar a una mujer?»

«Hay muchas razones. Algunos muchachos crecen con mucho resentimiento hacia las mujeres. Pero también sucede que vivimos en una sociedad muy provocativa. ¿Está usted familiarizado con la pornografía ampliamente disponible de nuestra época?»

«No. ¿Se muestran allí mujeres vestidas parcialmente?»

«Me temo que mucho más que eso. Se muestran mujeres desnudas salvajemente abusadas de todas las formas imaginables. Se muestran mientras son violadas con instrumentos romos, colgadas de árboles, asesinadas con navajas, rifles, sogas, etc. Toda indecencia imaginable se presenta a todo color con salvaje realismo».

«¡Me deja sin aliento! ¿Cómo puede hacerse eso? ¿Dice usted que ese material es legal y se distribuye ampliamente?»

«Sí, los adolescentes son los consumidores más frecuentes. Y en algunos países, como Australia por ejemplo, se ha legalizado el mismo tipo de material en el que se muestra a *niños* en esas situaciones».

«¿No me dirá usted que el público tolera esas cosas?»

«Me temo que sí. Los australianos no parecen ofenderse por el hecho de que los niños reales son de hecho abusados por los fotógrafos. También hay un floreciente negocio de pornografía infantil en Norteamérica, aunque en principio es ilegal. En gran medida se desconocía hasta 1983, pero genera millones de dólares en ventas clandestinas».

«¿Por qué? ¿Puede explicarnos por qué?»

«Obviamente, nuestros legisladores y jueces no lo consideran un problema prioritario».

«¿Son hombres la mayoría de ellos?»

«Sí, la mayoría son hombres. Se han propuesto proteger los derechos civiles de los adictos a la pornografía».

«¿Y qué de los derechos de mujeres y niños? ¿Qué clase de hombre permitiría un abuso semejante? ¿Qué ha pasado con la masculinidad? Nosotros hubiéramos dado la vida por proteger a nuestros seres queridos».

«Sí, hemos leído respecto a ese compromiso en los libros de historia. Lo sorprendente es que no todos los admiran por ese enfoque de la vida familiar. Algunos los consideran chovinistas. Eso significa que se muestran paternalistas hacia las mujeres pero que en realidad no las respetan. Tenemos propagandas que les comunican a las mujeres de hoy que han recorrido un largo camino desde la opresión que vivían en aquella época».

«¿Es eso cierto? Pero ustedes *sí* las respetan, ¿verdad?»

«Sí, pero los tiempos han cambiado. En el día de hoy, el compromiso inquebrantable de proteger a la familia es mucho menos firme. Por ejemplo, si una menor queda embarazada sin estar casada, puede obtener un aborto legal sin que sus padres estén informados».

«Eso es increíble. ¿Me dice que a los padres ni siquiera le comunicarían de tamaña agresión?»

«Así es. De hecho, el aborto no se considera como una agresión. Ya a los trece o catorce años, el maestro o consejero de una niña podría llevarla a un centro donde se practiquen abortos. Allí extraen el bebé mediante una técnica de succión. No sólo que no se requiere el permiso de los padres para llevar a cabo esta intervención; ni siquiera se les informa cuando la joven regresa a la casa esa noche; nunca se enterarán, a menos que ella decida decírselos».

«¿Pero cómo podrán los padres cuidar de la salud de su hija en ese caso? No es más que una niña. ¿Y si se presentan complicaciones?»

«Si hubiera complicaciones, probablemente los padres sean los últimos en enterarse».

«No puedo creer que los padres permitan que alguien agreda a sus hijas de esta forma. Si eso hubiera ocurrido en nuestros tiempos, el responsable hubiera sido fusilado. ¿Cómo es posible que los padres permitan semejante ultraje?»

«Bueno, las actitudes han cambiado. Muchas personas hoy creen que en realidad el Estado es responsable de sus hijos. Los padres tienen un rol menos importante que en épocas pasadas. Hay una corriente que cuenta con adhesión internacional, conocida como "Movimiento por los Derechos del Niño". Se sostiene que varones y niñas, a cualquier edad, están en libertad de hacer, mirar, o decidir, como cualquier adulto. Y cuando digo cualquier cosa, quiero decir exactamente cualquier cosa».

«¿Cualquier cosa? Quiere decir usted, por ejemplo, que un niño podría decidir tener relaciones sexuales con un adulto, y que los padres no intervendrían?»

«Sí. En Suecia, hoy en día, es ilegal que un padre le dé una paliza a su hijo por desobedecer... pero en cambio es legal que un padre tenga relaciones sexuales con su hija o experiencias homosexuales con su hijo varón».

«Me descompone sólo pensarlo. ¿Quién cometería un acto tan horrible?»

«Quizás, no muchos. Pero ilustra cuán lejos han llegado los defensores de los Derechos del Niño. Según esta filosofía, el niño está en igualdad de condiciones con un adulto. Los que promueven este movimiento quieren lograr que niños y niñas tengan los mismos derechos a votar, viajar, elegir su religión, ganar un salario y actuar en un marco general de autonomía de sus padres».

«Seguramente esa perspectiva no ha logrado imponerse».

«No se ha impuesto universalmente, pero la sociedad occidental se mueve sistemáticamente en esa dirección».

«Me parece que la gente moderna está un tanto loca».

«Bueno, seguramente le interesará saber que las mujeres son muy activas en el campo militar».

«Sí, eso ocurría en nuestros tiempos. Sirvieron como enfermeras durante la Guerra Civil, preparaban vendajes y cumplían otras funciones».

«No, no es a eso a lo que me refiero. Las mujeres hoy son miembros de forma oficial de las Fuerzas Armadas. Cuando se llama a una movilización general, las que se han ofrecido como voluntarias son citadas. No llegan todavía a combatir en el frente, al menos no en sentido técnico, pero están muy cerca de la zona de batalla y cooperan activamente en la guerra. Más aun, hay quienes piensan que falta muy poco para que las mujeres sean llamadas a cumplir un servicio obligatorio, como ocurre con los hombres cuando la nación lo necesita. Todo forma parte del movimiento igualitario. Si las mujeres son realmente iguales a los hombres a los ojos de la ley, deben estar dispuestas a luchar y morir, lo mismo que los hombres».

«¿Y si las mujeres son madres de niños pequeños?»

«Si están en el ejército, deben presentarse y dejar a los bebés. Cuando tanto el esposo como la esposa sirven en las Fuerzas Armadas, los niños son enviados a parientes o personas que puedan cuidar de ellos».

«¿Quiere decir que se espera que la madre de un bebé salga a la guerra, mientras algún hombre en condiciones físicas aptas se queda en su casa?»

«Sí, millones de estudiantes varones y otros que no se han enrolado en el ejército, quedan exentos. Fue decisión de la mujer enrolarse. Por lo tanto, debe cumplir con su obligación».

«Es incomprensible que un hombre permita que una madre joven esté luchando en su lugar. Realmente esta sociedad no tiene lógica alguna. Quién hubiera imaginado que apenas poco más de un siglo de "progreso" produciría ideas tan absurdas. La gente de nuestro tiempo no podrá creer lo que acabamos de escuchar. Estaremos orando por ustedes».

«Gracias».

¡Sí, muchacha, has recorrido un *muy* largo camino!

Lo más seguro es que nunca se dé un contacto directo entre la gente de antaño y la de nuestra época. Las generaciones pasadas nos despreciarían profundamente por no haber sido capaces de preservar y propagar la sabiduría de antaño. Tomemos, por ejemplo, esa última mención al servicio militar de las mujeres. Hay *razones* por las cuales son los hombres quienes han ido a la guerra a lo largo de la historia. Tiene que ver con los niños y con el reconocimiento social de que dependen de sus madres. Debería resultarnos inaceptable la idea de que los bebés sean entregados a padres-que-se-quedan, para que sus esposas puedan ser movilizadas al frente. De hecho, no hay evidencia más dramática de la crisis contemporánea de la masculinidad, que el hecho de que los hombres puedan tolerar la sola *posibilidad* de que sus esposas, hermanas, e hijas, vayan al frente en lugar de ellos. ¿No sería como si un hombre se quedara en la cama, escondiéndose bajo las frazadas, mientras su mujer sale a enfrentar a un intruso? ¿No ha quedado nada de dignidad en el hombre moderno?

Me gustaría ser capaz de enfatizar hasta qué punto es decisiva la comprensión de la masculinidad para asegurar la estabilidad familiar. El sociólogo George Gilder lo expresó muy acertadamente en su excelente libro *Sexual Suicide*. Este autor demuestra que los hombres solteros (como grupo) son a menudo una amenaza a la sociedad. Mientras no acepten la responsabilidad de tener una familia, su agresividad sexual está mayormente desbordada y es potencialmente destructiva. Gilder escribe lo siguiente:

> Son los hombres los que cometen más del 90 porciento de los crímenes violentos, el 100 porciento de las violaciones, el 95 porciento de los robos. Suman el 94 porciento de los conductores ebrios, el 70 porciento de los suicidas, el 91 porciento de agresores de niños y familias. Los hombres solteros alcanzan entre 80 y 90 porcientos del total en la mayoría de las categorías de estas patologías sociales, y en conjunto producen menos dinero que cualquier otro grupo social —incluidas las mujeres solteras o las mujeres que trabajan. Cualquier agente de seguros podría confirmar que los hombres solteros son menos responsables del pago de sus cuentas, de la conducción de sus automóviles, y de otras áreas de la conducta personal. Junto con la desintegración de la familia, los hombres solteros constituyen nuestro principal problema social.[*]

Gilder sigue diciendo luego que, en contraste, las mujeres están naturalmente más inclinadas a procurar estabilidad a largo plazo. Sus tendencias maternales (que existen realmente y son obvias en las culturas de todo el mundo), las mueven a anhelar hogares estables e ingresos regulares. Quieren seguridad para sí mismas y para sus hijos.

Ahora podemos captar la belleza del plan divino. Cuando un hombre se enamora de una mujer, y se consagra a protegerla y proveer su sustento, se transforma en el soporte de la estabilidad social. En lugar de usar sus energías para satisfacer sus propias lujurias y deseos, se esfuerza por construir un hogar, por ahorrar para el futuro y encontrar, dentro

---

[*] George Gilder: *Sexual Suicide*, Quadrangle/ The New York Times Book Co., Nueva York, 1973, p. 7.

de sus posibilidades, el mejor trabajo. Sus impulsos egoístas quedan inhibidos. Su pasión sexual se canaliza. Descubre una sensación de orgullo —sí, orgullo masculino—, en el hecho de sentir que su esposa y sus hijos lo necesitan. Todos se benefician de esta relación.

Cuando una sociedad está compuesta por millones de familias que se organizan de acuerdo con este modelo, entonces la nación resulta fuerte y estable. Esta es la gran contribución que el matrimonio hace a la civilización. Pero cuando falta esta estructura, la ruina resulta inevitable. Cuando los hombres no tienen motivo alguno para encauzar sus energías en función del sostén de sus hogares, podemos esperar que las drogas, el alcoholismo, el desorden sexual, la inestabilidad laboral, y la conducta agresiva, se difundan sin control por toda la sociedad. Eso es precisamente lo que ha sucedido en muchas familias negras en los suburbios norteamericanos. El gobierno paga todos los servicios. ¿Quién necesita del hombre? El hombre procrea y desaparece. Su hombría ha sido atacada, y luego vuelca su hostilidad sobre la cultura que lo ha rechazado. Todo empieza en una relación patológica entre los sexos, que socava las familias y derrumba a las personas.

No deberíamos abandonar el concepto bíblico de masculinidad y femineidad en esta delicada etapa de nuestra historia. No estoy diciendo que todas las mujeres deben ser madres o amas de casa. Pero las que lo son deben ser honradas, respetadas, y mantenidas. Debiera haber una clara distinción entre la identidad masculina y femenina, evidenciada en la vestimenta, las costumbres, y los roles de hombres y mujeres. Los hombres debieran ser estimulados a proveer y proteger a sus familias, y a dar sus vidas por ellas si fuera necesario. Los hijos debieran ser valorados como nuestro bien más preciado. La relación con sus madres es por cierto el vínculo más importante de sus vidas, y la sociedad debiera considerarlo una prioridad. Los muchachos y las niñas debieran aprender que los sexos tienen el mismo valor, pero que son muy distintos entre sí. Las niñas deben saber que son niñas, y los varones que son varones. Para todos, nuestra identidad comienza con la comprensión adecuada de nuestra identidad sexual. No debiera ser menospreciada por aquellos que promueven su propia agenda «progresista».

Un pensamiento final

Concluiré esta parte de nuestro análisis con una descripción de la masculinidad ideal. Después de todo, ¿de qué otra forma podríamos vislumbrar las efímeras cualidades de la personalidad y la fortaleza en un hombre de Dios? La mejor manera es observar un buen *modelo*, y hace algunos años tuve oportunidad de conocer uno de los mejores ejemplos.

Habíamos salido en familia de excursión a esquiar, en Mammoth, California. Los niños eran pequeños todavía, y me estaba esforzando al máximo para enseñarles los secretos de este deporte. Esta es una dura tarea, como puede saberlo cualquier padre deportista. Ya se imagina quién es el que carga con *todos* los esquís, botas, bastones, quién estaciona el auto, quién se pone en la fila para sacar los boletos para el elevador, quién conduce la tribu hacia la pista de esquí, quién ajusta el equipo de cada uno y lo pone en condiciones de partir. Siempre, en ese preciso momento, alguno de los niños anuncia que tiene deseos de ir al baño. Una vez informado de esa importante novedad, papá marcha ladera abajo con su hijo a remolque, y luego pasa nuevamente por todo el proceso de cierres y cordones. Y a escalar de regreso. Así es cómo ocurren las cosas en un *buen* día.

En una mañana mala pueden suceder algunos de los acontecimientos más frustrantes de la vida. Los niños van a tener deseos de ir al baño uno a uno, con lo que papá va y viene cerro abajo y cerro arriba como un yo-yo. Para cuando vuelve con el último de los niños, el primero necesita ir otra vez. Los niños, además, parecen disfrutar perdiendo parte del valioso equipo como los guantes de cuero, los gorros tejidos, las camperas de esquiar, etc. También son especialistas en pelear y protestar, lo que puede trastornar a sus agobiados padres.

Ese día en particular, era un *mal* día para mi familia. Nuestros hijos lo hicieron todo mal. Nos habíamos tomado unas vacaciones familiar para lograr mayor integración, pero me resultaba imposible soportar a ninguno de mis hijos. Se quejaban, perdían el tiempo y desparramaban sus pertenencias por toda la ciudad. Quizás le sirva de consuelo a otras familias saber que los Dobson pasan por situaciones que pueden destrozar los nervios. Para cuando había trasladado mi familia al sitio para esquiar, mi irritación llegaba al colmo. Danae y Ryan se bajaron del auto protestando y yo me encaminé hacia el estacionamiento, que estaba como a un kilómetro y medio. Mientras me dirigía allí, murmuré una breve oración. En realidad, era más bien una expresión de exasperación.

«¿Qué puedo hacer con estos niños que me has dado?», le dije al Señor, como si fuera culpa suya. No me respondió.

Estacioné el auto y regresé a pie hacia el lugar de concentración, donde un transporte pasaba cada diez minutos a recoger pasajeros. Alrededor de quince esquiadores estaban allí esperando ser trasladados, y me uní a ellos. En ese momento tomé nota de una joven «diferente» dentro de ese grupo. Ella se volvió para mirarme, y percibí el inconfundible rasgo de disminución mental en su mirada. Esta adolescente se estaba comportando de una manera muy extraña. Allí estaba, frente a la montaña, repitiendo la palabra «Cualquiera» una y otra vez. «¡Cualquiera!» decía a viva voz. Y segundos más tarde repetía la misma palabra incongruente.

Como había trabajado durante años con personas disminuidas, se manifestó de inmediato la empatía por esta niña. Sin embargo era obvio, que el resto de los esquiadores no compartían mi sensibilidad. Eran jóvenes, atractivos y muy bien vestidos. Los observé echar una mirada a la joven y luego dar un paso o dos al costado. Se miraban de reojo unos a otros, como diciendo: «¿Quién es esta loquita que tenemos aquí?»

Por entonces llegó el vehículo, y todos nos subimos. Mientras íbamos hacia la pista de esquí, la joven seguía mirando hacia la montaña y repitiendo: «Cualquiera». Estaba sola, ya que los que pertenecían al «grupo» la habían abandonado al centro del camión. Estaba sola, sí, excepto por un señor corpulento que estaba cerca de ella. De pronto, advertí que era su padre.

En ese momento, este hombre de expresión cariñosa hizo algo que nunca olvidaré. Puso su mano grandota alrededor de la cabeza de su hija y la atrajo hacia su pecho. Luego la miró con ternura y le dijo: «Sí, mi niña. Cualquiera».

Debo admitir que me tuve que volver para ocultar las lágrimas. Era evidente que el padre había observado, igual que yo, el rechazo de esa gente bien parecida. Pudo ver sus muecas... sus burlas. El gesto de amor que tuvo hacia la niña era sólo en parte para ella. En realidad el padre nos estaba hablando a todos.

Estaba diciendo: «Sí, es cierto. Mi hija es retardada. No podemos esconder esa realidad. Tiene muchas restricciones. No podrá cantar. No podrá escribir libros. De hecho, ya ha dejado la escuela. Hemos hecho lo más que podíamos por ella. Pero quiero que todos ustedes sepan algo. Esta jovencita es mi hija y la amo. Significa todo para mí. Y no me avergüenza identificarme con ella. "Sí, mi niña. ¡Cualquiera!"»

El amor y la ternura generosa de ese padre fluyeron de su espíritu e inundaron el mío. Instantáneamente sentí amor y compasión por nuestros dos hijos.

«¡Sí, Señor!», dije. «Recibo tu mensaje».

Dos semanas más tarde participé como invitado en un programa nacional de televisión y el conductor me dio cuatro minutos y medio para responder a preguntas tales como: «¿Cómo es que ha llegado a esta crisis la institución familiar, y qué podemos hacer para corregir la situación?»

No hubiera podido agotar una respuesta ni en cuatro horas y media... pero pude decir lo siguiente: Una de las soluciones a la desintegración de la familia tiene que ver con lo que este padre siente hacia su hija retrasada. Esa clase de amor incondicional puede sanar un hogar en conflictos; puede resolver problemas entre padres e hijos. Hasta puede ayudarnos a enfrentar tragedias como el retraso mental.

Lo que necesitamos, más que ninguna otra cosa, un marco dentro del cual reconstruir una familia tambaleante, una generación de hombres que tengan la capacidad de amar que tenía el padre de esa niña retardada...

hombres que sepan quiénes son...

hombres que sepan hacia dónde van...

hombres que sepan en quien creen...

hombres que pongan el bienestar de sus esposas e hijos por encima de sus propios deseos y metas egoístas...

hombres que luchen por lo que creen...

hombres como mi padre y mi abuelo, que fueron un ejemplo para mí en esas cualidades, durante mis años de formación.

Volvamos el reloj del tiempo en los próximos capítulos, para considerar específicamente esas personas claves en mi familia, y la forma en que vivieron. Quizás su ejemplo sea un mensaje claro a los hombres más jóvenes que buscan modelos válidos para sus propios papeles.

¿Qué es el hombre?

3

Mi padre

¿Quién hubiera imaginado que en una tarde tan agradable, mi padre, de apenas sesenta y seis años, estaba disfrutando sus últimos momentos sobre la tierra? Tenía en brazos a un bebé, y conversaba en forma amena con los miembros de la familia. Se sirvió el almuerzo de domingo, y pidieron a papá que bendijera los alimentos. Este buen hombre, James Dobson padre, inclinó su cabeza por última vez y agradeció al Señor por su generosidad y su amor. Resultó su propia bendición, porque minutos más tarde Dios recibió su espíritu al cruzar el río de la muerte. No hubo lucha, ni dolor, ni angustiosos «adioses». Sólo hizo una pausa, luego se inclinó sobre mi madre, y ya no estaba más.

Una hora más tarde, mi esposa me localizaba por teléfono para darme el aviso. Yo estaba dando conferencias a doscientos kilómetros de casa, y ese día había subrayado precisamente la importancia de la paternidad cristiana. De hecho, había hablado durante la mañana acerca de mi padre y el maravilloso ejemplo que había sido para mí. Fue entonces que llegó el llamado de Shirley. Compartimos una enorme sensación de dolor y pérdida en ese momento. Sólo aquellos que «han estado ahí» podrán comprender plenamente esa vivencia.

El funeral tuvo lugar tres días más tarde, y tuve oportunidad de tributar homenaje a mi padre. De alguna forma logré expresar las siguientes palabras nacidas en mi corazón aquel día invernal.

El homenaje

Quiero expresar gratitud en nombre de mi familia, a nuestros amigos y seres queridos que nos acompañan hoy aquí. Valoramos el que hayan venido a honrar al hombre que amábamos profundamente, y cuyo nombre comparto.

Le pedí a mi madre me concediera el privilegio de rendir homenaje a mi padre, aunque sinceramente éste es el momento más difícil de mi vida. El hombre cuyo cuerpo yace ante mí no sólo era mi padre y mi amigo, sino también una fuente de inspiración para mí. Pocas personas advierten que en realidad la mayor parte de lo que escribo es expresión de sus perspectivas y enseñanzas. Siempre que estábamos juntos, él hablaba, y normalmente yo tomaba notas. Esa es la clase de relación que teníamos, y su pérdida me deja totalmente devastado.

De modo que no voy a pedir disculpas por el dolor que me inunda en este momento. No son lágrimas de culpa, ni remordimiento, ni lamento. No tengo recuerdos amargos... no hubo palabras duras que ahora desearía borrar... no tuvimos conflictos ni luchas ni tensiones. La emoción que me embarga es el reflejo del amor de un hijo que repentinamente ha perdido a su padre y tierno amigo.

Algunos de ustedes saben que mi padre tuvo un serio ataque cardíaco en septiembre pasado. Shirley y yo habíamos viajado a San Antonio, Texas, donde debía hablar en la Sociedad Pediátrica de Texas, el día viernes. Cuando llegamos al hotel el jueves por la noche, recibimos un mensaje de parte del Dr. Paul Cunningham, avisando que mi padre estaba en la sala de cuidados intensivos del hospital de Kansas. El viernes por la mañana el Dr. Cunningham volvió a llamar para decir que la situación de mi padre se había agravado y que no esperaba que pasara de esa noche. También me avisó que mi tío, el Dr. James McGraw, había muerto en el mismo hospital esa mañana, a las 10:30. Es imposible describir el dolor que sentíamos Shirley y yo mientras volábamos hacia Kansas esa tarde. No teníamos esperanzas de volver a ver a mi padre, y pasamos por toda la angustia de su pérdida. Pero cuando llegamos al aeropuerto, nos enteramos de que había tenido una notable mejoría, y que estaba esperando nuestra visita en el hospital. Cuánta gratitud siento hacia Dios por haber respondido nuestras oraciones, dándonos setenta y nueve días más —días hermosos, inigualables—, antes de llevar a mi padre a su hogar celestial, el 4 de diciembre de 1977.

¿Me permiten compartir con ustedes los pensamientos que pasaron por mi agitada mente durante ese interminable viaje de San Antonio a Kansas City? Volví atrás en el tiempo, recorriendo un caleidoscopio de tempranas experiencias. Pensé en los momentos más felices de mi vida, que tuvieron lugar cuando tenía entre diez y trece años de edad. Mi padre y yo nos levantábamos muy temprano antes que amaneciera, en medio del frío del invierno. Nos poníamos el equipo de cacería, botas pesadas, y nos trasladábamos treinta kilómetros afuera del pequeño pueblo en el que vivíamos. Después de estacionar el auto y trepar por encima de una alambrada, entrábamos a un área boscosa que llamábamos el «gran bosque», por la impresión que a mí me producían sus árboles. Nos deslizábamos por la quebrada y remontábamos río arriba, varios kilómetros bosque adentro.

Luego mi padre me ocultaba en un árbol caído, cuyas ramas ofrecían un refugio. Buscaba un escondite similar para sí mismo, en alguna curva del riachuelo. Así esperábamos la salida del sol y el despertar del mundo animal. Las pequeñas ardillas y aves corrían arriba y abajo, sin saber que eran observadas. Mi padre y yo contemplábamos el conmovedor panorama de la mañana que nacía, que nos hablaba con tanta elocuencia del Dios que hizo todas las cosas.

Pero lo más importante era algo muy profundo que sucedía entre mi padre y yo mientras estábamos en el bosque. Un intenso amor y afecto se generaba esas madrugadas, y definió el marco de nuestra relación de por vida. Había una intimidad y unidad que me hacía desear ser como aquel hombre... que me hizo adoptar sus valores como propios, hacer míos sus sueños, aceptar su Dios como mío.

Estos eran algunos de los recuerdos que brotaban en mi mente durante ese triste viaje en septiembre. Luego me sobrevino otra inundación de emociones, al pensar en mis propios hijos. Me preguntaba qué recuerdos pesarían más en sus mentes cuando llegara mi propia muerte, en cualquier momento a partir de ahora. ¿Cuáles serían los recuerdos más felices de su vida? Recordarán a un padre atareado, preocupado por escribir libros y llegar a tiempo al avión y contestar la correspondencia y hablar por teléfono, y ser «un hombre importante»? ¿O recordarán un padre paciente que se tomaba tiempo para expresarles amor y para enseñarles, y disfrutar con ellos de la belleza del mundo que Dios creó? Le ruego al Señor que me ayude a mantener a mi pequeña familia como prioridad durante estos valiosos años de tanta trascendencia.

James Dobson era un hombre de muchos amores. Su mayor amor era el que sentía por Jesucristo. Cada uno de sus pensamientos y acciones estaba motivado o influenciado por su deseo de servir al Señor. Puedo honestamente decir que en cada circunstancia en que estuvimos juntos, me sentí impulsado más cerca de Dios. No porque me sermoneara o me reprendiera... sino porque su amor por el Señor penetraba en mí y moldeaba mis propias actitudes.

La última conversación que tuve con mi padre reflejó mi confianza en su fe. Exactamente cinco días antes de su muerte, lo llamé por teléfono desde Los Angeles a las 11.27 de la mañana.

«Papá», le dije, «tengo un compromiso a las 11:30 y sólo puedo hablar tres minutos. Te llamo porque tengo que tomar ciertas decisiones esta tarde, que son muy importantes desde el punto de vista profesional, y quiero que ores por mí». Sus palabras fueron: «*Sí* que voy a orar, hijo». ¡Seguro que lo hizo!

Mi padre también amaba intensamente a mi madre. Lo comunicó de una manera muy bella el año pasado, cuando vinieron a visitarnos en California. Papá y yo salimos a caminar en un parque cercano, y como de costumbre, él hablaba y yo tomaba notas. Luego metió la mano en el bolsillo y sacó una hoja arrugada que parecía muy vieja.

«Quizás te interese leer esto», dijo. «Son palabras que le expresé a tu madre antes de casarnos, cuarenta y dos años atrás. No se las leí, sino que anoté luego los conceptos que le había comunicado».

Este es el mensaje que tenía aquella nota.

Quiero que entiendas y percibas claramente mis sentimientos respecto al pacto de matrimonio que estamos por tomar. He sido enseñado, desde la falda de mi madre, y en armonía con la Palabra de Dios, que los votos conyugales son inviolables, y que al tomarlos, me estoy comprometiendo de manera absoluta y para toda la vida. No permitiré jamás que entre a mi mente la idea de separarnos por el divorcio, por cualquier motivo (aunque Dios admite uno, la infidelidad). No soy ingenuo al respecto. Por el contrario, estoy plenamente consciente de la posibilidad, que ahora nos resulta inimaginable, de que la mutua incompatibilidad, o circunstancias que no podemos prever, nos produzcan un enorme sufrimiento mental. Si ese fuera el caso, estoy decidido por mi parte a aceptar las consecuencias del compromiso que tomo ahora, y de sobrellevarlo, si fuera necesario, hasta el final de nuestras vidas.

Te he amado profundamente mientras eras mi novia, y seguiré amándote como esposa. Pero por encima de todo, te amo con un amor cristiano que me impone no reaccionar nunca de una forma que arriesgue nuestras perspectivas de alcanzar el cielo, que es la meta última de ambos. Y pido a

Dios que él mismo haga que nuestro afecto mutuo sea perfecto y eterno.

¿No es esa una hermosa manera de decir «te amo»? Cuánto necesita nuestra sociedad esposos y padres que se comprometan así con sus familias, hombres *decididos* a salir adelante en esta importante responsabilidad. Mi padre era uno de estos hombres, y su entrega a mi madre creció constantemente a lo largo de cuarenta y tres años de matrimonio. Eran *mutuamente dependientes* en el sentido que Dios lo dispuso. Es coherente, por lo tanto, que en el último momento consciente que tuvo, se inclinara hacia mi madre y muriera pacíficamente en sus brazos.

Muy pocas personas percibieron plenamente la profundidad del amor que mi padre tenía por aprender. Cuando murió, dejó un libro junto a su sillón, abierto en una página que describía la estructura celular del ácido desoxirribonucleico, y el proceso por el cual las características hereditarias pasan de una generación a la siguiente. Junto al libro había una lista escrita por él de los veintidós aminoácidos esenciales en el organismo humano, y su código genético. (La había titulado «las palabras divinas de cuatro letras».) Mi padre tenía un insaciable deseo de *aprender*, y alternaba sus intereses entra la biología, la física, la astronomía, la ecología, la teología, la política, la medicina, y las artes. Dejó una pintura a medio terminar, que muestra un arroyo de montaña, con una fotografía adosada al borde. La paleta de óleos todavía está donde él la dejó el sábado por la noche. Sí, mi padre amaba *todo* lo que Dios había hecho, ¡y me estremece imaginar el proceso de aprendizaje que debe estar emprendiendo ahora mismo, del otro lado!

Por último, mi padre también me amaba a mí. Lo he sabido desde que podía tener conciencia de ello. Me han contado que cuando era un niño pequeño, quizás de unos tres años, vivíamos en un departamento de una sola habitación. Mi pequeña cama estaba ubicada junto a la de mis padres. Papá decía que era frecuente despertarse de noche y escuchar una vocecita susurrando: «¿Papito? ¿Papito?»

El respondía suavemente: «¿Qué quieres, Jimmy?»

Entonces yo decía: «¡Dame la mano!»

Mi padre se estiraba en la oscuridad y tomaba mi manita envolviéndola en la suya. Contaba que en el instante que me tomaba la mano, mi brazo se ponía pesado y mi respiración profunda y regular. Me había vuelto a dormir. ¡Obviamente, sólo quería saber que él estaba *allí*! Durante mis cuarenta y un años de vida he estado extendiendo mi mano hacia él, y siempre ha estado allí. Ahora, por primera vez en mi vida, se ha ido.

¿Y ahora dónde voy? ¿Nos iremos hoy de este funeral sumidos en la desesperanza y el desánimo? Por cierto que no, aunque nuestro dolor es inconmensurable. Mi padre no está en ese féretro delante nuestro. El está *vivo*, y pronto nos volveremos a ver. El también compró la perla de la vida eterna, que es nuestra herencia común. Ahora comprendo que la muerte de mi padre no es una tragedia aislada que ha sucedido a un solo hombre desafortunado y a su familia. En un sentido muy concreto, esta es la condición humana que todos compartimos. La vida pronto habrá terminado para cada uno de los que están hoy aquí... y para cada uno de los que amamos.* Por lo tanto, estoy decidido a vivir cada día para Cristo, consciente del carácter temporal de todo aquello que ahora nos parece permanente. Aun en su muerte, como ven, mi padre me ha enseñado acerca de la vida.

Gracias por permitirme compartir hoy con ustedes mis sentimientos y emociones más profundas. Debo reconocer, para terminar, que James Dobson no fue un hombre perfecto. Sería desafortunado elogiarlo de una manera que lo pondría incómodo si él estuviera presente. Mi padre tenía una generosa provisión de imperfecciones, igual que todos nosotros. Pero yo lo amaba. Quizás tanto como todo hijo ama a su padre...

---

* Siete miembros de nuestra familia han muerto durante los últimos dieciocho meses: mi padre, la abuela de Shirley (la Sra. Hassie Wishman), mi tío (Dr. James McGraw), mi tía (Sra. Naomi Dobson), mis tíos (Pastor R.M. Parks y su señora), y el tío de Shirley (Sr. Al Frasher).

Danae y Ryan (dirigiéndome a mis hijos), su abuelo era un gran hombre. No porque fuera presidente o porque vayan a recordarlo en los libros de historia. Era grande por su compromiso incondicional a la fe cristiana. Y si yo puedo ser para ustedes al menos la mitad de lo que él era conmigo, sin duda ustedes también serán unos hijos afortunados.

¡La muerte repentina es el beso de Dios sobre el alma!
(Anónimo)

4

La revelación

Dos años antes de su muerte, mi padre me contó una experiencia que había tenido mientras oraba y leía la Biblia. Se sentía un tanto perturbado por confiarme los detalles, pero le insistí que me lo relatara todo. Se trataba de una imagen abrumadora, algo así como una decreto divino, de que él y yo íbamos a cooperar en un proyecto muy importante. Se apresuró a aclarar que no quería que yo pensara que él estaba tratando de «prenderse de mi saco». En realidad, su primer impulso había sido no contarle a nadie de la revelación, por temor a que confundieran sus motivaciones.

Pero su temor era infundado. Muy temprano en mi vida aprendí que cuando Dios le «hablaba» a mi papá, era mejor que prestara mucha atención. Este hombre tenía una relación muy especial con el Señor. A menudo implicaba sesiones de oración y comunión que duraban de cuatro a seis horas, y que se centraban especialmente en el ministerio a las personas que amaba. Se lo conocía en la pequeña aldea donde viví mis años preescolares como «el hombre de los zapatos gastados». Pasaba tanto tiempo de rodillas que gastaba la delantera del zapato antes de gastarle la suela. Por lo tanto, papá

Dobson y el Señor tenían una relación muy especial. Cuando Dios revelaba su propósito a su fiel siervo, el desenlace era absolutamente seguro.

¿Pero cuál era la tarea que habríamos de emprender juntos? Ninguno de los dos tenía la respuesta para esa pregunta, y tampoco la exploramos en ese momento. Es cierto que trabajamos juntos para producir un libro titulado *Family under Fire*, pero no parecía estar relacionado con aquella revelación. Los meses pasaron y el asunto quedó archivado en el amplio rubro de «Cosas que no entiendo del Señor».

Luego ocurrió el primer ataque cardíaco de mi padre, mientras yo estaba en San Antonio. Esa temible llamada telefónica quedó repicando en mi corazón. «Tu padre se está muriendo. Tiene arritmia cardíaca y congestión, lo que suele ser una combinación fatal después de un infarto del miocardio. No tenemos esperanza de que pase esta noche. ¡Ven tan pronto como puedas!»

Dos amigos me llevaron velozmente al aeropuerto, donde Shirley ya estaba esperando. Pero mientras nos abríamos camino por el tráfico de San Antonio, el Señor me habló. No era una voz audible, ni estaba acompañada de humo y fuego. Ni siquiera podría decir cómo estaba expresado el mensaje. Todo lo que sé es que Dios me recordó la revelación que le había dado a mi padre, y luego dijo: «Vas a escribir un libro para esposos y padres, basado en la vida de tu padre. La inspiración vendrá de sus valores, de su compromiso, de su relación conmigo. Esta es la aventura común de la que hablé dos años atrás».

Mientras hacíamos el largo vuelo desde San Antonio hasta Kansas City, Shirley y yo sabíamos que la situación de papá se nos haría obvia apenas llegáramos a la terminal. Si mi madre estaba allí esperándonos, significaba que mi padre ya no estaba. Si ella no iba a recibirnos, quería decir que seguía con él en el hospital. Después de desembarcar, exploramos ansiosos la muchedumbre, y para nuestro gran alivio, mamá no estaba allí. En cambio, nos recibió muy animada la esposa del presidente de la facultad donde mi padre trabajaba como docente.

«Tu padre está notablemente mejor», dijo. «Está esperándolos».

Siempre estaré agradecido por la invalorable oportunidad de volver a verlo vivo, expresarle el afecto y el amor que tantas veces sólo expresamos cuando ya es demasiado tarde. Me quedé junto a su cama en la sala de cuidados intensivos. Allí, en medio de monitores y frascos de suero, acaricié esas delicadas manos de artista que había amado desde niño. Mi padre estaba muy sereno y consciente, sin apariencia alguna de haber luchado con la muerte.

Luego le comuniqué el mensaje que el Señor me había dado, camino al aeropuerto. Le expliqué que su parte del proyecto ya estaba cumplida: implicaba sesenta y seis años de integridad, devoción, y amor. Lo había observado en nuestro hogar cuando era niño, donde hubiera sido imposible que ocultara su verdadero carácter. Pero ni una sola vez lo vi ceder al mal ni abandonar la fe por la que había vivido. Su persona había llegado a ser un faro para mí, iluminando mi camino y ayudándome a sortear las trampas en las que sucumbían muchos de mis amigos.

«Gracias papá», le dije profundamente emocionado.

Sonrió asintiendo, y me deslicé silenciosamente fuera de la habitación. Aunque ya han pasado meses desde su muerte, esa conversación flota dentro mío mientras inicio mi propia parte del proyecto conjunto. Hoy, 24 de mayo, hubiera sido su sesenta y ocho aniversario, y es una ocasión apropiada para escribir sobre los valores que suscribía.

Pero este libro no pretende de ninguna manera ser una biografía de mi padre. De hecho, el tema original del libro surgió tres años antes de su muerte. Yo le había pedido al Señor, como un favor especial, que revelara su mensaje a la familia cristiana.

Oré así: «Mientras tenga la oportunidad de hablar y escribir, y de intentar influenciar en esposos, esposas, e hijos, me gustaría saber qué es lo que *tú* quieres que exprese. ¿Por qué habría de depender de mi propia insignificante percepción y sabiduría, si puedo contar con los recursos del Creador de las familias? Dame, entonces, los conceptos que quieres que yo comunique».

Una vez más, experimenté uno de esos serenos momentos de certidumbre de que el Señor me hablaba. Debería subrayar que, por lo que a mí toca, escuchar inconfundiblemente la voz de Dios es una experiencia poco frecuente. Es más típico que conozca su voluntad por medio de circunstancias providenciales, puertas que se cierran o se abren, y así. Pero en algunas pocas ocasiones, sus deseos me han sido comunicados directamente al corazón.

Ese fue el caso en la respuesta a mi oración pidiendo sabiduría y claridad (aunque pueda sonar terriblemente pomposo y egocéntrico decirlo ahora). Pero esta fue la respuesta de Dios, traducida a mis propias palabras: «¡Si este país ha de sobrevivir la presión y los peligros que está enfrentando actualmente, será sólo si los esposos y los padres vuelven a poner sus familias a la cabeza de sus prioridades, y reservan una parte de su tiempo y energía para el liderazgo de sus hogares!»

He estado diligentemente comunicando ese mensaje en toda oportunidad que se me ha presentado durante los últimos veinte años. Lo he dicho por la radio, por televisión, en casetes y en películas. Ha llegado el momento, finalmente, de ponerlo por escrito, de forma que el concepto pueda ser explorado en todas sus dimensiones. Así es como llegamos hasta este momento.

Ya presentado el trasfondo de este libro, permítame ser honesto respecto a lo que significa para mí. Sospecho que los que escriben a menudo producen un nuevo manuscrito con la misma actitud que la *General Motors* produce un nuevo modelo. Simplemente ocupa su lugar en una larga sucesión de creaciones, sin mayor importancia que el que lo precedió o el que le sigue. Sin embargo, yo siento que el mensaje que ahora quiero dar a los hombres es el asunto más crítico que jamás me haya tocado abordar, y en consecuencia, puede tratarse de la razón de ser de mi existencia toda. El mundo occidental está ante una de las grandes encrucijadas de su historia. Mi opinión, basada en la experiencia que acabo de compartir, es que nuestra supervivencia como pueblo depende de la presencia o ausencia del liderazgo masculino en millones de hogares.

¿Por qué asigno tanta importancia al desempeño de los *hombres* en relación a la supervivencia de una cultura? Porque ninguna sociedad moderna puede ser más estable que las familias que la integran, y las mujeres parecen ser más conscientes de este hecho que sus esposos. Las evidencias son claras: ¿Quiénes leen libros sobre la vida familiar? El ochenta por ciento de los que conocemos son mujeres. ¿Quiénes asisten a seminarios sobre la vida familiar? La mayoría son mujeres. ¿Quiénes se inscriben en cursos bíblicos dedicados a las bases escriturales de la familia? Las mujeres superan llamativamente a los hombres. ¿Quiénes escuchan los programas radiales y las cintas grabadas sobre matrimonio y crianza de los hijos? Aquí también, es probable que sean mujeres.

Lo que quiero decir es que las mujeres cristianas, en gran medida, ya están motivadas a preservar sus familias. Y aunque me molesta admitirlo, las mujeres a menudo saben mejor que los hombres cuál es el rol que Dios les ha asignado a ellos. Muchas de las cartas que recibo coinciden en la siguiente pregunta, planteada por cientos de mujeres:

> Mi esposo no asume el liderazgo espiritual de la familia. No parece estar consciente de mis necesidades ni de los requerimientos de nuestros hijos. ¿Cómo puedo lograr su atención?

Por eso es que creo, con todo mi ser, que los esposos tienen la *llave* de la preservación de la familia. Si logramos que los hombres reduzcan un poco su velocidad como para tomar nota de estos asuntos, algunos de ellos emprenderán los cambios necesarios para salir adelante. Y estoy seguro que sus esposas los van a seguir.

Derek Prince expresó su opinión de que los problemas más graves que enfrenta el mundo occidental pueden ser rastreados hasta lo que él denomina «hombres que abdican». Es decir, hombres que reniegan de algo. Es una afirmación muy severa, pero válida. Dios ha dado a los hombres la responsabilidad de proveer liderazgo a sus hogares y sus familias: liderazgo que se expresa a través de una autoridad afectuosa, de la administración financiera, de la enseñanza espiritual, y del mantenimiento de las relaciones maritales. A los esposos se les pide que «amen a sus esposas, así como Cristo amó a la iglesia y dio su vida por ella» (Ef. 5.25). No se trata de una sugerencia al pasar hecha a los hombres cristianos; es el *mandamiento* que Dios les da a esposos y padres. Este libro, entonces, es un llamado a las armas... un ruego urgente a que los hombres vuelvan a comprometerse con la responsabilidad que Dios les ha asignado.

Mi padre fue un ejemplo de lo que yo creo es el concepto que Dios tiene de la masculinidad. Y, como era de esperar, él lo aprendió de su propio padre. En el próximo capítulo, entonces, analizaremos la vida de R. L. Dobson, mi abuelo paterno.

5

La herencia

Durante la Navidad de 1969, mi padre se reunió en California con sus dos hermanos, que aún vivían, y su hermana. Durante ese tiempo, pasaron la mayor parte de los cinco días recordando su niñez y la época temprana de su vida familiar. Uno de los nietos tuvo la buena iniciativa de grabar esas conversaciones, y tuve el privilegio de recibir un juego completo de las grabaciones. Qué herencia enriquecedora resultó ser, al proveerme una perspectiva sobre el hogar de mis abuelos y las primeras experiencias de mi padre.

Si bien todas las conversaciones me resultaban interesantes, había un hilo en común que resultaba especialmente significativo. Giraba en torno al *respeto* con el que estos cuatro hermanos se referían al recuerdo de su padre (mi abuelo). Aunque había muerto en 1935, un año antes de mi nacimiento, hablaban de él con una inconfundible admiración, más de treinta y cuatro años después. Todavía vivía en sus memorias como un hombre de mucho carácter y fortaleza.

Les pedí que expresaran las cualidades que admiraban tanto, pero sólo me respondieron con algunas generalidades.

«Era una torre de fortaleza», dijo uno.

«Tenía un halo de dignidad», dijo otro acompañándose con gestos.

«Lo admirábamos profundamente», agregó el tercero.

Es difícil resumir las sutilezas y complejidades de una personalidad; sencillamente no encontraban las palabras apropiadas. Sólo cuando empezamos a mencionar recuerdos más específicos, empezó a hacerse evidente la personalidad de este patriarca. Mi padre ofreció la mejor evidencia, al escribir sus recuerdos acerca de la muerte del abuelo Dobson, que transcribo más abajo. De esta narración fluye el impacto que este gran hombre tuvo sobre su familia, aun tres décadas después de su deceso.

Los últimos días de R. L. Dobson

El ataque que acabó con su vida ocurrió cuando tenía sesenta y nueve años de edad, y llevó a la ruptura del círculo familiar. Por muchos años después de su muerte, yo no podía pasar frente al Hospital estatal sin mirar hacia una ventana en particular. Se destacaba entre todas las demás, y era especial porque representaba la habitación donde él había sufrido tanto. Los detalles de esos días y noches tan trágicos permanecen en mi memoria, y no se han modificado con el paso de los años.

Habíamos estado tres días y tres noches prácticamente sin dormir, sintiendo cómo se esforzaba por respirar, percibiendo cómo se aproximaba la muerte, percibiendo los olores mismos de la muerte. Papá estaba en coma profundo. Su respiración pesada podía oírse desde el extremo del pasillo. Caminábamos por la sala de aquel viejo hospital hora tras hora, sintiendo el incesante esfuerzo de su respiración, que se tornaba cada vez más y más débil. Varias veces la enfermera nos había llamado y habíamos dado el último «adiós» —pasábamos por toda la agonía de verlo partir, y entonces su corazón recomenzaba, y la interminable vigilia se iniciaba otra vez. Finalmente, habíamos pasado a una habitación contigua, dispuestos a no dormir; de todos modos, nos habíamos rendido, exhaustos, algunos en los sillones y otros tirados sobre las camas.

A las cuatro menos cinco de la mañana, la enfermera entró y despertó a uno de mis hermanos mellizos. Roberto se incorporó de un salto. «¿Se ha ido?» preguntó.

«No, pero si quieren ver por última vez a su padre, creo que es conveniente que lo hagan ahora».

Nos pasamos la voz rápidamente, y entramos a su habitación para rodear su cama por última vez. Recuerdo que estaba de pie a su izquierda: acomodé el cabello de su frente, y apoyé mi mano sobre su enorme mano colorada, tan parecida a la mía. Percibí la fiebre que precede a la muerte. Mientras estaba allí, percibí un cambio dentro mío. En lugar de sentirme como el adulto que era (tenía cuarenta y un años por entonces), me sentí un niño otra vez. Dicen que esto sucede a menudo a los adultos que presencian la muerte de sus padres. Sentí como si estuviera en la estación ferroviaria de Shreveport, Lousiana, avanzada la tarde, esperando el regreso de mi padre. El viejo tren de pasajeros de Kansas City iba entrando a la estación, y lo vi hacer la curva. Mi corazón se hinchaba de orgullo. Miré al muchachito que estaba a mi lado y le dije: «¿Ves aquel hombre grandote parado al final del tren, con una mano sobre el freno, y en la otra un silbato con que le da la señal al maquinista? ¡Ese hombre es mi papá!» Aplicó los frenos, y yo podía oír el chirrido de las ruedas que se detenían. Lo vi saltar del último coche. Yo corrí y salté a sus brazos. Le di un fuerte abrazo y olí el humo del tren en su ropa. «Papito, te quiero», le dije.

Todo vuelve ahora. Acaricié esa mano grandota y le dije: «Adiós, papá», mientras parecía hundirse rápidamente. «No hemos olvidado cuánto te esforzaste por mantener cinco varones y una hija hasta completar la universidad: cómo usabas ese uniforme ferroviario hasta que quedaba transparente, renunciando a tantas cosas para que nosotros tuviéramos muchas que en realidad no eran imprescindibles...»

Dos minutos más tarde, como una embarcación que se deslizara lentamente del puerto del tiempo hacia el mar de la eternidad, inspiró por última vez. La enfermera nos indicó que saliéramos, y extendió la sábana sobre su cabeza; su gesto me llenó de terror, y nos volvimos sollozando en silencio para dejar la habitación. Luego ocurrió un incidente que no olvidaré jamás. Apenas llegamos a la puerta, puse el brazo alrededor de mi madre, y le dije: «Mamá, esto es terrible».

Mientras se secaba los ojos con el pañuelo, contestó: «Sí, Jimmy, pero hay algo que mamá quiere que recuerdes, ahora. Aquí hemos dicho: "Buenas noches", pero uno de estos días vamos a ir allá, y entonces diremos "Buenos días"».

Estoy seguro de que ella dijo «Buenos días», doce años después, y sé que él la recibió, apenas pasó «por las puertas del cielo».

Su muerte estuvo rodeada de serenidad y dignidad, tal como había vivido. Ese fue el fin de la vida de R. L. Dobson, y fue también el fin de la solidaridad en la familia. El viejo hogar nunca volvió a ser el mismo. ¡Ese espíritu que habíamos conocido desde niños, ya no estaba allí!

Aunque esta descripción ofrece muy pocas de las características específicas que explicaran la poderosa influencia que R. L. Dobson tenía sobre su familia, sí nos dice cómo se sentía su hijo respecto a él. Yo conozco algunos otros detalles. Mi abuelo era un hombre de absoluta honestidad e integridad. Aunque no había conocido a Cristo hasta poco antes de su muerte, vivía según pautas morales a las que era absolutamente leal. Siendo joven, por ejemplo, había invertido mucho en una aventura financiera con un socio que luego resultó ser deshonesto. Cuando se enteró de las trampas, literalmente cedió la compañía al otro. Su antiguo socio hizo de la compañía una de las más exitosas empresas del sur del país, y se hizo multimillonario. Pero mi padre nunca miró hacia atrás. Se fue a la tumba con la conciencia limpia.

Tenía otros rasgos admirables, por supuesto, y muchos de ellos se los trasmitió a mi papá. Estos dos hombres personificaban mucho de lo que estoy tratando de comunicar en este análisis de la masculinidad. Mi padre agregó la dimensión de una paternidad *vulnerable,* que se expresa bellamente en el dibujo que Ray Craighead (su alumno de arte) plasmó en la página de dedicatoria de este libro.

Después de haber considerado someramente la imagen de dos padres fuertes, y su influencia en el hogar, pasemos a continuación a algunos aspectos en particular. Analizaremos la interacción de un hombre con sus hijos, su esposa, su trabajo, y con Dios, entre otros temas que se vinculan con éstos. Pero antes, quisiera sugerir algo a quienes disfrutan de una relación personal con el Señor. Pueden hacer una pausa y preguntarle a él, *antes* de leer los próximos capítulos, qué cosas nuevas quiere trasmitirles a través de las páginas de este libro. Es mi anhelo que él sea quien hable a cada familia (y especialmente a cada hombre) en los términos que necesitamos oír.

El hombre
y sus hijos

6

El hombre y sus hijos

Me dirigía hacia el auto al salir de un centro comercial pocas semanas atrás, cuando escuché un grito potente y prolongado.

«¡Aaaayyyy!», clamó una voz masculina.

A unos cien metros, alcancé a distinguir a un hombre que estaba en apuros, y tenía razones de estarlo. Se había agarrado los dedos en la puerta del auto, que obviamente se había cerrado de forma inesperada. Luego presencié el resto de la historia. Trepado al asiento delantero estaba un pequeño travieso de tres años, que aparentemente había decidido «cerrar la puerta en los dedos de papá».

El padre señalaba desesperado sus dedos con la mano libre, y clamaba: «¡Ay! ¡Ay! ¡Abre la puerta, Carlitos! Me agarré la mano... pronto... Carlitos... por favor... abre... ¡ABRE!»

Carlitos finalmente captó el mensaje y destrabó la puerta, liberando los dedos morados del papá. El papá daba saltos por las cocheras del estacionamiento, besando y acariciando alternativamente su maltratada mano. Carlitos esperaba sin moverse en el asiento delantero, aguardando que el saltimbanqui se aquietara.

Sé que esta experiencia fue dolorosa para el hombre que la sufrió, pero confieso que a mí me causó gracia. Supongo que su tragedia simboliza el enorme costo de ser padre. Ya lo sabes, joven emancipada: es costoso criar hijos e hijas actualmente. Los padres dan lo mejor que tienen a sus hijos, que a menudo responden cerrándoles la puerta en los «dedos», especialmente durante los desaprensivos años de la adolescencia. Quizás sea por eso que alguien expresó: «La locura es un mal hereditario: los padres lo reciben de los hijos».

Pero también hay otras cosas que recibimos de nuestros hijos, incluyendo amor, sentido, propósito, y una oportunidad para dar. También nos ayudan a mantener el sentido del humor, que es esencial para la estabilidad emocional en esta época tan agobiante. Esto me recuerda el hijo de siete años que Anne Ortlund describía en su libro *Disciplines of a Beautiful Woman* (Disciplina de una mujer bella). Había llevado a su ingobernable muchacho a ver al pediatra para una examen médico de rutina. Antes de ver al doctor, la enfermera pesó y midió al niño, e intentó obtener una historia clínica.

«Dígame, Sra. Ortlund», preguntó la enfermera, «¿está durmiendo bien?»

«Duermo muy bien», contestó el niño por sí mismo y la enfermera lo anotó.

«¿Cómo está el apetito del niño, señora?»

«Como de todo», respondió Nels y ella lo anotó.

«¿Y cómo va de cuerpo?

«Bien, siempre hago gimnasia».*

Esos recuerdos son imborrables para un padre que no está demasiado cansado como para prestar atención. Permítanme compartir una última anécdota real. Un padre me contó recientemente de un niño de cinco años que estaba sentado

---

* «Ir de cuerpo» al igual que «dar del cuerpo» es una expresión que alude a mover los intestinos y no a la gimnasia.

en el inodoro, en el instante preciso que ocurrió el temblor de Los Angeles, el 9 de febrero de 1971. La sacudida fue de tal intensidad que el jovencito se cayó de la taza. Pero como nunca antes había experimentado un temblor, creyó que el estruendo había sido producido por su *propia* actividad intestinal. «¿Qué hice, mamá?» preguntó con infantil ingenuidad.

Una familia es literalmente un «archivo de recuerdos» para quienes han sido bendecidos por la presencia de los hijos. Aunque mis hijos ya son adultos, puedo recordar miles de episodios, que están cuidadosamente preservados en mi mente. Los «videos» de sus primeros años son mis posesiones más valiosas: aun ahora, al pensar en mi hija, a quien veo es a la niña de seis años que regresa de la escuela. Su cabello está despeinado y una de las medias ya está por los tobillos. Es seguro que se ha estado hamacando cabeza abajo en las barras del patio infantil. Pide un vaso de leche y se sienta a la mesa de la cocina, sin darse cuenta de la ternura y el amor que despierta en mí en ese momento. Luego se marcha a jugar.

Otra «cinta» empieza a pasar. Nuestro muchachito de cuatro años aparece con un apósito en la rodilla, y la cara llena de migas. Se acerca a mi silla y me pide que lo alce sobre la falda.

«Perdón», dije. «Hay un sólo muchacho en el mundo que se puede subir a mi falda cada vez que lo desea».

«¿Quién *ez*?»

«Ah, no lo conoces. Se llama Ryan».

«¡Pero yo me llamo Ryan!»

«Sí, pero el que yo digo tiene cabello rubio y ojos celestes».

«¿No *vez* mi pelo? Y *miz* ojos *ton* celestes».

«Sí, pero muchos niños son así. El único que se puede trepar aquí es mi hijo... mi único hijo... al que amo tanto».

«¡Yo soy, yo soy! Yo soy tu hijo. ¡Yo me llamo Ryan! ¡Y me voy a subir!»

Jugamos ese juego durante siete años, y aun hoy tiene significado.

Puedo escuchar a mis lectores diciendo: «Usted es un sentimental».

«¡A mucha honra!», les respondo. «No me avergüenzo de admitir que las *personas* me importan mucho, y que soy especialmente vulnerable con los de mi familia. He disfrutado cada etapa de la vida de nuestros dos hijos, y desearía que siguieran siendo niños para siempre.

No solamente Shirley y yo hemos disfrutado de esos años de crecimiento, sino que al parecer Danae y Ryan han compartido esa satisfacción. Nuestra hija, especialmente, ha disfrutado cada uno de los aspectos de la infancia, y le costó mucho desprenderse de ella. Sus discos infantiles, sus animales de peluche y su habitación, han sido posesiones valiosas desde que empezó a caminar. Siguió sentándose en la falda de papá Noel hasta cuatro años después de saber que era una fantasía. Pero vaya, cumplió trece años y empezó a escuchar otros sones. Alrededor de un año más tarde, revisó sus discos y juguetes, los empacó prolijamente y los dejó a la puerta del dormitorio de Ryan. Sobre el paquete había una nota que Shirley me acercó con lágrimas en los ojos. Decía:

> Querido Ryan:
> Estas cosas son tuyas ahora.
> Cuídalas como yo las he cuidado.
>
> Con amor,
> Danae.

Ese breve mensaje señalaba una puerta que se cerraba hacia la infancia. Y una vez cerrada, no hay poder humano que pueda abrirla de nuevo. Por eso es que debemos considerar los años de la primera infancia y de la escuela elemental como una oportunidad fugaz. Pero el hecho es que este invalorable período a menudo sucede cuando los padres están menos disponibles para sus hijos. Están tratando de afianzarse en sus profesiones, corriendo, luchando, sudando, arrastrando a casa un maletín cargado de trabajo para terminar de noche, volando al aeropuerto para no perder el avión, trabajando extra para pagar las vacaciones... para finalmente caer en la cama totalmente exhaustos. Ha pasado un día más sin que haya habido intercambio entre papá y su niño o niña, tan influenciables a esa edad.

Una madre me contó que había oído a su hijo preescolar conversando con otro de la misma edad en la puerta de su casa.

«¿Dónde está tu papá?», preguntó. «Nunca lo veo».

«Lo que pasa es que no *vive* aquí», respondió el primero. «Sólo *duerme*».

No es mi intención acumular culpa sobre la cabeza de mis lectores masculinos, pero debo decir que muchos padres sólo *duermen* en sus hogares. En consecuencia, han abdicado totalmente sus responsabilidades de liderazgo e influencia en la vida de sus hijos. En mi libro *What Wives Wish Their Husbands Knew About Women*, cité un estudio que documentaba el problema de los padres que no están disponibles. Permítame citar de aquella fuente.

Un artículo publicado en *Scientific American* bajo el título «Los orígenes de la alienación», por Urie Bronfenbrenner, describe adecuadamente el problema que enfrentan las familias contemporáneas. El Dr. Bronfenbrenner es, en mi opinión, la máxima autoridad en desarrollo infantil en los Estados Unidos, y sus observaciones deben ser cuidadosamente tenidas en cuenta. En su artículo, el Dr. Bronfenbrenner analizaba la situación deteriorante de la familia norteamericana, y las fuerzas que la están debilitando. Más específicamente, le preocupan las circunstancias que están socavando seriamente el amor de los padres, y privando a los hijos del liderazgo y el afecto que necesitan más que ninguna otra cosa.

Una de esas circunstancias ampliamente conocidas, es la tan mentada carrera por la subsistencia. El Dr. Bronfenbrenner describe así el problema: «Las exigencias de un trabajo que ocupan el horario del almuerzo, las noches y los fines de semana, además de los días laborales; los viajes y traslados necesarios para progresar o simplemente para mantener lo que se tiene; el tiempo cada vez mayor que se dedica a las interrelaciones, a hacer contactos, a salir, a mantener reuniones sociales y compromisos comunitarios... todo esto produce una situación en la que un niño pasa a menudo más tiempo con una persona pasiva, que sólo la cuida, que con un padre participativo».

De acuerdo con el Dr. Bronfenbrenner, esta carrera es particularmente incompatible con las responsabilidades de padre, como se demuestra en una reciente investigación que arrojó sorprendentes resultados. Un equipo de investigadores quería determinar cuánto tiempo pasaban los padres de clase media, jugando e interactuando con sus hijos pequeños. Primero, le pidieron a un grupo de padres que estimaran el tiempo que pasaban cada día con sus hijos de un año de edad, y el resultado promedio fue de quince a veinte minutos. Para verificar estas respuestas, los investigadores adhirieron micrófonos a las remeras de los pequeños, con el objeto de registrar las expresiones verbales de sus padres. Los resultados de este estudio fueron impactantes: ¡el tiempo promedio que estos padres de clase media pasaban con sus hijos pequeños era en realidad de treinta y siete segundos por día! ¡La interacción directa se limitaba a 2.7 encuentros diarios, cada uno de los cuales tenía una duración promedio de diez a quince segundos! Esa, al parecer, es la contribución de los padres a millones de niños de nuestro país.*

Comparemos esta interacción de treinta segundos entre padres e hijos pequeños con otra estadística. El niño preescolar promedio, observa entre 30 y 50 horas de televisión por semana (las cifras varían entre los diversos estudios). Qué escena increíble nos muestran estas estadísticas. ¡Durante los años formativos de su vida, cuando los niños son tan vulnerables a las experiencias, reciben treinta y siete segundos por día de sus propios padres, y treinta o más horas por semana de canales comerciales! ¿Hace falta decir de dónde reciben sus valores nuestros hijos?

Alguien ha observado que «los valores no se los *enseñamos* a los niños; ellos los *captan*». esto es cierto. Rara vez podríamos sentar quietecitos al pequeño Juan o la pequeña María para darles un discurso acerca de Dios y de otros

---

* James C. Dobson: *What Women Wish Their Husbands Knew About Women*, Tyndale House, Wheaton, Illinois, 1976, pp. 157-58.

asuntos importantes de la vida. Tienen «motorcitos» internos que no pueden detenerse. Poseen únicamente seis marchas: correr, saltar, trepar, gatear, deslizarse y zambullirse. Varones y niñas de esa edad simplemente no pueden sintonizar conversaciones serenas acerca de asuntos profundos.

¿Cómo, entonces, pueden los padres sinceramente preocupados trasmitir sus actitudes, sus valores, y su fe a sus hijos? Sólo puede hacerse *sutilmente,* a través de las interacciones rutinarias de todos los días.* Pudimos ver este principio en acción en nuestro propio hogar cuando Danae tenía diez años y Ryan cinco. Ibamos en el auto, cuando pasamos junto a un cine pornográfico. Creo que la película que exhibían era «Cuerpos calientes» o algo por el estilo. Danae, que estaba en el asiento delantero, señaló hacia el teatro, y dijo:

«Esa es una película sucia, ¿verdad, papá?»

Asentí con la cabeza.

«¿Eso es lo que llaman X en la clasificación?», volvió a preguntar.

Una vez más asentí.

Danae pensó unos segundos, y luego dijo: «Las películas sucias son realmente malas, ¿no es así?»

«Sí, Danae», contesté. «Las películas sucias son muy malas».

Toda esta conversación duró menos de un minuto, e incluyó apenas tres breves preguntas y respuestas. Ryan, que estaba en el asiento trasero, no participó en absoluto de la conversación. En realidad, me pregunté qué habría pensado acerca del diálogo, y llegué a la conclusión de que probablemente no estaba escuchando.

Me equivocaba. Ryan había oído la conversación y al parecer siguió pensando en ella durante varios días. Pero lo llamativo fue que Ryan no sabía qué era una «película sucia». ¿Cómo podría saber de pornografía un niño de cinco años, si nunca ha conversado con nadie al respecto? Sin embargo, se había hecho su propia idea sobre el tema. Me reveló su concepto cuatro noches más tarde.

---

* Ver Dt. 6.4-9.

Ryan y yo nos habíamos arrodillado para hacer las oraciones antes de dormir, y entonces espontáneamente volvió a la conversación de días atrás.

«Querido Señor», expresó con mucha seriedad, «ayúdame a no ver ninguna película sucia... donde todos se escupen unos a otros».

La cosa más sucia que Ryan podía imaginar era una salivada libre. *Eso* sí que sería muy sucio, tuve que admitir.

Pero también tuve que admitir cuán *informalmente* asimilan los niños nuestros valores y actitudes. Como podrá ver, yo no tenía cómo prever la conversación que se produjo en el auto. No tenía una intención deliberada de expresar a mis hijos mi punto de vista acerca de la pornografía. ¿Cómo fue que aprendieron una dimensión más de mi sistema de valores esa mañana? Ocurrió simplemente porque estábamos juntos... conversando. Esa clase de interacciones sutiles y no planificadas son las que dan cuenta de gran parte de la instrucción que pasa de una generación a la siguiente. Es una fuerza muy poderosa para modelar las vidas jóvenes, *si... sólo si...* los padres están ocasionalmente con sus hijos en la casa; *si* tienen la energía necesaria para conversar con ellos; *si* tienen alguna cosa de valor para trasmitirles; *si* les importa realmente.

Lo que quiero enfatizar es que el estilo agitado de vida de nuestra época es particularmente nocivo para los niños. Sin embargo, millones de niños llegan cada día a una casa vacía. Andan con las llaves de su casa colgadas al cuello. No sólo sus padres están sobrecargados y preocupados, sino que también sus madres están enérgicamente buscando realizarse en el mundo laboral. ¿Quién está en el hogar con los hijos? Lo más común es que no haya *nadie*.

Una emotiva canción popular describe el precio de este abandono del hogar por parte de los padres. Fue compuesta por Sandy y Harry Chapin, que la titularon *Cat's in the Cradle*.* Me han autorizado a incluir la letra en este libro, particularmente dedicada a los padres que lo están leyendo:

---

* *CAT'S IN THE CRADLE.* Letra y música por Sandy y Harry Chapin. ©

El gato está en la cuna

Por Sandy y Harry Chapin

Mi hijo llegó hace unos días
    vino al mundo como suele suceder...
pero teníamos que tomar el avión y pagar las cuentas
así que aprendió a caminar mientras estábamos ausentes
antes que nos diéramos cuenta ya estaba hablando,
    y al crecer iba diciendo:

        Voy a ser como tú, papá,
        sabes que voy a ser como tú.

      y el gato está en la cuna, y la cuchara de plata,
      la niña de los cuentos y el hombre de la luna
      ¿cuándo vienes a casa, papito?

        No sé cuándo,
        pero vamos a estar juntos,
        y la pasaremos muy bien.

Mi hijo cumplió diez años hace apenas unos días,
    gracias por la pelota, papá, ven a jugar conmigo
    ¿me puedes enseñar?
Le dije que hoy no, tengo mucho que hacer,
me dijo: está bien,
    y se marchó, pero su sonrisa repitió
voy a ser como él, sí,
    sabes que voy a ser como él.

      Y el gato en la cuna y la cuchara de plata
      la niña de los cuentos y el hombre de la luna
      ¿cuándo vendrás a casa, papá?

        No sé cuándo,
        pero vamos a estar juntos,
        y la pasaremos muy bien.

El otro día volvió de la facultad
    parece todo un hombre, tuve que admitir,
    hijo, me haces sentir orgulloso,
    ¿puedes sentarte un rato aquí?
    Sacudió la cabeza y sonriendo me dijo:
    Lo que me gustaría, papá, es que me prestaras el auto
    Te veo más tarde, ¿me das las llaves por favor?

    ¿Cuándo vuelves, hijo?
        No sé cuándo,
        pero vamos a estar juntos,
        y la pasaremos muy bien.

Hace tiempo que me jubilé,
    mi hijo se mudó,
    lo llamé hace unos días
    le dije que deseaba verlo, si no le molestaba,
    me dijo: me gustaría mucho papá, si tuviera tiempo,

pero ya ves, el trabajo es una locura,
    y los niños están enfermos,
    pero es muy lindo hablar contigo, papá,
    ha sido muy lindo hablar contigo.

Y al colgar el teléfono se me ocurrió
que había crecido pareciéndose a mí;
mi hijo resultó igual que yo.

    Y el gato en la cuna y la cuchara de plata
    la niña de los cuentos y el hombre de la luna
    ¿cuándo vendrás a casa, hijo?
        No sé cuándo,
        pero vamos a estar juntos, papá,
        y la pasaremos muy bien.

¿Le suenan familiares esas frases? Ha sentido *usted* que los años se deslizan con demasiadas promesas incumplidas a sus hijos? Se ha escuchado a sí mismo diciendo:

Hijo, hemos estado hablando del carrito que íbamos a construir uno de estos sábados, y quiero que sepas que no me he olvidado. Pero no podrá ser este fin de semana porque tengo que hacer un viaje inesperado a otra provincia. Sin embargo, lo vamos a hacer uno de estos días. No estoy seguro de que pueda ser el próximo fin de semana, pero recuérdamelo, y ya llegará el momento, y nos pondremos a hacerlo. Y también te llevaré a pescar. Me *encanta* pescar y conozco un arroyo que está repleto de truchas en la primavera. Pero ocurre que este mes mamá y yo estamos muy ocupados, de modo que sigamos haciendo planes, y cuando menos te des cuenta, llegará el momento.

Y los días pasan a semanas, y las semanas se transforman en meses, y en años, y en décadas... y nuestros hijos crecen y se marchan del hogar. Y quedamos sentados en el silencio de nuestra sala, tratando de recordar las preciosas experiencias que se nos escaparon de las manos en ese mismo lugar. Una frase repiquetea en nuestros oídos: «La pasaremos muy bien... después...»

Sí, ya sé que estoy revolviendo la culpa con estas palabras. Pero quizás necesitamos enfrentar las cosas importantes de la vida, aun si nos ponen algo incómodos. Lo que es más, me siento *obligado* a hablar en representación de millones de niños en el mundo que tratan de encontrarse con sus padres ausentes. Me vienen a la mente nombres concretos de niños y niñas mientras escribo estas líneas, que simbolizan masas de niños solitarios que experimentan la agonía de necesidades insatisfechas. Desearía familiarizarlos con dos o tres de aquellos niños, cuyos caminos cruzaron los míos.

En primer término, recuerdo aquella madre que se me acercó hace algunos años, después de una conferencia. Había respaldado a su esposo todo el tiempo que él asistía a la universidad, sólo para que se divorciara de ella a favor de una jovencita seductora. Los ojos se le llenaban de lágrimas mientras me relataba el impacto que tuvo la partida de su esposo en sus dos hijos varones.

«Extrañan a su papá todo el tiempo», me dijo. «No entienden por qué no viene a verlos. El mayor, especialmente, anhela tanto tener un padre, que apela a todos los hombres que se acercan a nuestra familia. ¿Qué puedo decirles? ¿Cómo puedo satisfacer las necesidades que los varoncitos tienen de un papá que quiera ir a cazar y a pescar y a jugar al fútbol, y que juegue a la lucha con él y su hermano? Me destroza el corazón ver cómo sufren».

Ofrecí a esta madre algunas sugerencias y le brindé mi comprensión y simpatía. La próxima mañana, hablé por última vez en esa iglesia. Después del servicio, estaba en la plataforma mientras uno a uno se acercaban a despedirme y mostrarme afecto. En la hilera estaba la madre, *con* sus dos hijos.

Me saludaron sonrientes y yo le di la mano al mayor. Luego ocurrió algo que no llegué a registrar totalmente sino cuando estaba ya en viaje de regreso a Los Angeles. El muchachito no me soltaba de la mano. La aferraba con fuerza, impidiéndome saludar a los demás que se arremolinaban. Para mi desconsuelo, advertí más tarde que en ese momento había tomado su brazo con mi mano libre, separándolo de mí. Allí en el avión, capté las implicaciones del incidente. Obviamente, este niño me *necesitaba*. Necesitaba un hombre que tomara el lugar del padre ausente. Y yo le había fallado, como todos los demás. Ahora sólo me queda el recuerdo de un niño cuya mirada expresaba: «¿Podrías ser mi papá, por favor?»

Hay una niña que ha ocupado un lugar definitivo en mis recuerdos, aunque no conozco su nombre. Estaba esperando un avión en el aeropuerto internacional de Los Angeles, disfrutando mi deporte favorito: «observar a la gente». Pero el drama que se produjo en esta ocasión me tomó desprevenido. Cerca mío estaba de pie un anciano que obviamente esperaba a alguien que se suponía debía haber llegado en el avión que acababa de descender. Observaba ansiosamente cada rostro que pasaba, mientras circulaban los pasajeros. Me pareció que estaba extremadamente ansioso mientras esperaba.

Luego observé una niñita parada a su lado. Debe haber tenido siete años de edad, y ella también se veía desesperada mientras escudriñaba los rostros, esperando uno en particular. Rara vez he visto un rostro más ansioso que el de esa preciosa niña. Se aferraba al brazo del anciano, que probablemente sería su abuelo. Cuando hubo pasado el último de los pasajeros, la niña empezó a llorar en silencio. No se trataba de una desilusión circunstancial: su corazoncito estaba destrozado. El abuelo también parecía estar luchando por evitar las lágrimas. Estaba, en efecto, demasiado contristado como para consolar a la niña, que hundió su rostro en la manga del gastado saco de su abuelo.

«Oh, Dios», oré en silencio. «¿Qué agonía están sufriendo en este momento? ¿Es la mamá de la niña la que la ha abandonado en este doloroso día? ¿Le hizo su papá una promesa y luego cambió de idea?»

Mi primer impulso fue rodear con mis brazos a la pequeña y protegerla del horror de ese momento. Quería que desahogara su dolor en mis brazos protectores, pero temí que mi intrusión pudiera ser confundida. De modo que quedé observando, impotente. El anciano y la niña siguieron allí, mientras partieron dos aviones más; pero la ansiedad de sus rostros ya se había mudado en desesperación. Finalmente, se marcharon lentamente de la terminal hacia la puerta. Lo único que se oía era el sollozo entrecortado de la niña, que luchaba por controlar las lágrimas.

¿Dónde está ahora esta pequeña? Sólo Dios lo sabe.

Si el lector me acompaña, quiero presentarle otro niño cuya experiencia familiar ha llegado a ser típica en el mundo occidental. Yo estaba esperando que me informaran del estado de mi padre en el Hospital Misional de Shawnee, después de su ataque en septiembre. En la sala de espera había una revista *American Girl* que llamó mi atención. (Debo haber estado desesperado por leer algo, como para que una revista como esa llamara mi atención.)

Pasé la tapa y en la primera página encontré una redacción escrita por una niña de catorce años, llamada Vicki Kraushaar. Había enviado su historia para que la revista la publicara en la sección «Por usted». Dejaré que Vicki misma se presente y narre su historia.

A veces, así es la vida

Mis padres se divorciaron cuando yo tenía diez años. Naturalmente, mi padre fue quien me lo dijo, porque él era mi favorito. [Observe que Vicki no dice que *ella* fuera la favorita de su padre, sino a la inversa.]

«Querida, sé que estos últimos días han sido difíciles para ti, y no quiero empeorar las cosas. Pero hay algo que quiero decirte. Tu madre y yo nos vamos a divorciar».

«Pero, papito...»

«Sé que no te gusta, pero debe ser así. Tu madre y yo simplemente no podemos llevarnos bien como antes. Tengo las maletas listas, y el avión sale dentro de media hora».

«Pero, papá, ¿por qué te tienes que ir?»

«Querida, ocurre que tu mamá y yo no podemos vivir juntos».

«Entiendo, ¿pero por qué tienes que irte de la ciudad?»

«Ah, es que alguien me espera en Nueva Jersey».

«Papito, ¿te volveré a ver alguna vez?»

«Seguro, mi amor. Vamos a encontrar la manera».

«¿Como qué? Quiero decir, si vas a estar viviendo tan lejos...»

«Quizás tu madre consienta en que pases dos semanas conmigo en el verano, y otras dos en el invierno».

«¿Por qué tan poco?»

«No creo que apruebe dos semanas siquiera».

«Pero no perdemos nada con probar».

«Lo sé, mi amor, pero lo tendremos que resolver más adelante. Mi avión sale dentro de veinte minutos y tengo que llegar al aeropuerto. Voy a buscar mi equipaje, y quiero que te vayas a la habitación para que no me veas partir. Y nada de largas despedidas, tampoco».

«Sí, papá. Adiós. No te olvides de escribirme».

«No me olvidaré. Adiós. Ahora vete a tu habitación».

«Sí, papá. ¡No quiero que te vayas!»

«Lo sé, querida, pero debo hacerlo».

«¿Por qué?»

«No lo entenderías, mi niña».

«Sí, sí entendería».

«No, no podrías».

«Está bien, adiós».

«Adiós, ahora vete a tu habitación, pronto».

«Bueno, supongo que así es la vida a veces».

«Sí, querida, así es a veces la vida».

Después que mi padre se marchó, nunca más volví a saber de él.*

Vicki habla con elocuencia en representación de un millón de niños norteamericanos que han oído esas desgarradoras palabras: «Querido, tu madre y yo nos vamos a divorciar». Alrededor de todo el mundo, esposos y esposas están reaccionando a las señales luminosas de los medios, que los urgen y empujan a buscar sus propias satisfacciones, a satisfacer sus deseos impulsivos, sin tener en cuenta el bienestar de sus familias.

«Los niños lo superarán», racionalizan.

Parece que todos los medios de comunicación masiva se hubieran puesto de acuerdo en la década del 70 y comienzos del 80 para diseminar la filosofía del «yo primero». Frank Sinatra lo expresó musicalmente en su canción: «A *mi* manera». Sammy Davis (hijo) se hizo eco de este sentimiento en «Tengo que ser yo mismo». Robert J. Ringer ofreció la versión literaria en «Miren al Número Uno», que llegó a ser el *bestseller* de los Estados Unidos durante cuarenta y seis semanas. Lo escoltaban «Matrimonio abierto», «Divorcio creativo», y «Manéjate solo», entre cientos de otros peligrosos libros exitosos. Los programas más difundidos vendían la misma basura bajo el disfraz de «salud psicológica».

Todo parecía noble en aquel entonces. Se trataba del «descubrimiento de la propia personalidad», y apelaba sin disimulo a nuestros deseos egoístas. Pero cuando esta insidiosa filosofía se abrió camino en nuestro sistema de valores, empezó a destruirnos desde dentro. Al principio, promovió

---

* Usado con permiso de *American Girl*, una revista para niñas publicada por *Girl Scouts* en los Estados Unidos.

un insignificante flirteo con el pecado (quizás con alguien de una provincia distante), seguido luego por la pasión y los encuentros sexuales ilícitos, luego los engaños y mentiras, después las palabras amargas y las noches de insomnio, las lágrimas y la angustia, y luego el derrumbe de la autoestima, los abogados y los juicios de divorcio, separación de bienes, y los desgarradores debates por la custodia de los hijos. Y desde lo profundo del remolino, alcanzamos a oír tres niños lastimados —dos niñas y un varoncito—, que nunca se recuperarán totalmente. «Entonces la concupiscencia, después que ha concebido, da a luz el pecado; y el pecado, siendo consumado, da a luz la muerte» (Stg. 1.15).

Para que no me tomen por santurrón y «sermoneador», permítanme enfocar el reflector sobre mis propias falencias. Si bien nunca tuve un romance ilícito, *ni lo tendré,* ha habido ocasiones en que he permitido que otros compromisos roben la dedicación que les debo a mis hijos. Revelaré los detalles al respecto en los próximos capítulos para quienes quieran continuar la lectura.

Cuando yo era pequeño, mi padre citaba a menudo el poema de Eugene Field, *Little Boy Blue.* Este ha sido siempre mi poema favorito, pero adquirió un nuevo significado después que nacieron mis hijos.

Little Boy Blue

(Muchachito vestido de azul)

El perrito de peluche está cubierto de polvo
    pero allí está, firme y erguido;
y el soldadito de plomo rojo de herrumbre,
    y el fusil se enmohece en sus manos.
Hubo un tiempo en que el perrito era nuevo,
    y el soldadito la pasaba bien;
fue por entonces que nuestro muchachito
    los besó y los puso allí.

«No se vayan hasta que yo vuelva», les dijo,
    «¡y no hagan ruido!»

Y se fue a dormir a su cuna,
    y soñó con sus hermosos juguetes;
mientras soñaba, una canción angelical
    despertó al muchachito de azul
¡Ah! Los años son muchos, los años son largos,
    ¡pero los juguetes amigos son Verdaderos!

Ay, allí se quedaron, fieles al muchachito,
    cada uno en su antiguo rincón,
esperando el toque de su mano,
    la sonrisa de su pequeño rostro;
y se preguntan, al pasar los años,
    cubiertos de polvo en la silla,
qué le ha sucedido al muchachito vestido de azul
    desde que los besó y los puso allí.

Eugene Field
1850-1895

7

La prioridad fundamental de un hombre

S ucedió por primera vez en 1969, mientras escribía *Dare to Discipline*. Estaba en plena carrera, acelerado al máximo, corriendo hacia la muerte como todos los demás hombres que conocía. Era encargado principal de los jóvenes en la iglesia, y tenía una compacta agenda de compromisos de conferencias. A mi cargo a tiempo completo en la escuela de medicina de la Universidad del sur de California y del Hospital de Niños de Los Angeles, se agregaban unas ocho a diez responsabilidades «no formales». En una ocasión llegué a trabajar diecisiete noches seguidas sin regresar a casa. Nuestra hija de cinco años de edad solía quedarse llorando a la entrada de la casa cuando partía en la mañana, sabiendo que no me vería hasta la mañana siguiente.

Aunque mis actividades me permitían avanzar profesionalmente y me brindaban ciertas holguras financieras, papá no estaba en absoluto impresionado por mi éxito. Había observado mi vida frenética, y se sintió obligado a expresarme su preocupación. Mientras volaba de Los Angeles a Hawaii un verano, aprovechó ese tiempo para escribirme una larga carta. Esa carta tuvo un efecto abrumador sobre mi vida. Quisiera citar un párrafo de su mensaje, que me resultó especialmente impresionante.

> Danae (refiriéndose a mi hija) está creciendo en el sector más pervertido del mundo, mucho más descarriado moralmente que el mundo en que te tocó nacer. He observado que no hay engaño más grande que el de creer que nuestros hijos serán cristianos devotos simplemente porque sus padres lo han sido, o que alguno de ellos entrará a la fe cristiana de alguna otra forma que no sea el esforzado trabajo de oración y fe de sus propios padres. Pero la oración requiere tiempo, un tiempo que es imposible encontrar si todo está distribuido, comprometido y depositado en el altar de las ambiciones profesionales. Fracasar respecto a tu hija hará que los éxitos profesionales te resulten muy pálidos y pobres en contraste.

Esas palabras, escritas sin acusación ni insultos, me llegaron como la fuerza de un cachetazo. Había allí varios temas que tenían el sello de verdades eternas. Primero, hoy *es* más difícil enseñar los valores esenciales que en épocas pasadas, a causa del amplio rechazo de la cultura contemporánea hacia los principios cristianos. En efecto, hay muchas voces disonantes que contradicen fervientemente todo aquello que constituye el baluarte del cristianismo. El resultado es una generación de jóvenes que ha descartado las pautas morales de la Biblia.

Numerosos estudios han documentado el creciente incremento de la promiscuidad entre adolescentes y jóvenes universitarios. Por ejemplo, el *American Journal of Diseases of Children** (una revista de patología infantil) informó que en Indianápolis, entre 677 adolescentes de la escuela intermedia, mayormente blancos, clase media baja, más del 55 por-

---

* «Teens Are Starting to Have Sex Earlier», USA Today, enero 17, 1989.

ciento había tenido relaciones sexuales. Más del 50 porciento de los varones ya habían tenido relaciones a los trece años, y más del 50 porciento de las niñas lo había hecho hacia los dieciséis

Para citar el libro de Josh McDowell, *The Myths of Sex Education* (Los mitos de la educación sexual): «Un estudio realizado en 1987 por la Academia Nacional de Ciencia comprobó que "el cambio de actitud ha sido mejor documentado entre las jóvenes. Entre 1971 y 1982, la proporción de muchachas solteras entre 15-19 años que habían tenido relaciones sexuales al menos una vez, aumentó de 29 al 44 porciento"».*

Este es el mundo en que están creciendo nuestros hijos. Necesitamos recibir toda la ayuda que podamos para orientarlos por el campo minado de la adolescencia.

El segundo concepto en la carta de mi padre era uno que puso fin a mi complacencia como padre. Me ayudó a advertir que es posible que padres y madres amen y reverencien a Dios, pero pierdan completamente a sus hijos. Es posible ir tres veces por semana a la iglesia, integrar la comisión administrativa, asistir al picnic anual, ofrendar el diezmo y hacer todos los gestos religiosos apropiados, y sin embargo no comunicar el verdadero significado del cristianismo a la generación siguiente.

Desde aquella carta, he hablado con decenas de padres cuyos hijos ya han crecido y se han casado.

«Creíamos que nuestros hijos habían aceptado nuestra fe y nuestras creencias», dicen, «pero por alguna razón, pareciera que hemos fallado».

Aquellos padres más jóvenes cuyos hijos todavía están en la edad en que son más maleables, por favor crean en las palabras de mi padre: «El mayor engaño es suponer que nuestros hijos serán cristianos devotos simplemente porque

---

* Lena Williams: «Teen-Age Sex: New Codes Amid the Old Anxiety», *New York Times*, febrero 27, 1989, B11, citado por Josh McDowell en *The Myths of Sex Education*, Here's Life Publishers, San Bernardino, California, 1990, pp.8-9.

sus padres lo han sido, o que *alguno* de ellos entrará a la fe cristiana de alguna otra forma que no sea el esforzado trabajo de oración y fe de sus propios padres».

Si usted pone en duda la validez de esta afirmación, le sugiero que lea la historia de Elí en 1 Samuel 2-4. Allí encontrará el relato de un sacerdote y siervo de Dios que no supo disciplinar a sus hijos. Aparentemente estaba demasiado ocupado haciendo el «trabajo de la iglesia» como para ser líder en su propio hogar. Ambos fueron luego jóvenes perversos sobre los que Dios descargó su juicio.

Me impresionó advertir que el servicio de Elí al Señor no fue suficiente para compensar su fracaso en el hogar. Al avanzar en el relato, tuve confirmación de este principio. *Samuel*, el santo hombre de Dios que se irguió como un bastión de fortaleza espiritual durante toda su vida, había crecido en el hogar de Elí. Observó cómo Elí perdió uno tras otro sus hijos, ¡y sin embargo Samuel repitió la misma conducta con su propia familia! Esa fue una verdad profunda que me perturbó enormemente. Si Dios no honró ni siquiera la consagración de Samuel, garantizándole la salvación de sus hijos, ¿hará más por *mí* si me encuentro demasiado ocupado como para hacer los «deberes de la casa»?

Después de enfrentarme con estas obligaciones y responsabilidades espirituales, el Señor me impuso una enorme carga respecto a mis dos hijos. Llevo esta carga hasta el día de hoy. Hay ocasiones en que se torna tan pesada que le pido a Dios que la quite de sobre mis hombros, si bien la preocupación no se origina en los problemas o ansiedades habituales. Nuestros hijos aparentemente son sanos y parecen andar bien tanto emocional como académicamente. (Información actualizada: Danae terminó la universidad en 1990, y Ryan promediaba sus estudios superiores cuando emprendí esta revisión.) La fuente de mis cargas deriva de la conciencia de que hay una feroz batalla espiritual que tiene por campo y botín el corazón y la mente de cada niño sobre la tierra, incluyendo estos dos seres preciosos a mi vida. Satanás los engañaría y destruiría si se le diera la oportunidad de hacerlo, y lo real es que pronto estarán en la situación de elegir su propio camino.

La misión de llevar a nuestros propios hijos a la fe cristiana puede compararse a la de una carrera de relevo con tres corredores. Primero ha sido su padre el que ha corrido alrededor de la pista con el relevo en la mano, que representa el evangelio de Jesucristo. En el momento apropiado, le entrega el relevo a usted, y usted comienza su propia carrera por la pista. Finalmente, llega el momento en que usted debe entregar fielmente el relevo en manos de su propio hijo. Pero como podría confirmar cualquier entrenador, *las carreras de posta se pierden o se ganan en la entrega del relevo*. Hay un momento crítico en el que todo puede perderse por una torpeza o error de cálculo. Rara vez caerá el relevo detrás del corredor mientras lo sostiene firmemente en su mano. ¡Si hay una falla, es más probable que suceda en el momento del intercambio entre las dos generaciones!

Según los valores cristianos que gobiernan mi vida, la razón fundamental de mi existencia es entregar el relevo —el evangelio— fielmente en las manos de mis hijos. Por supuesto, quiero también pasarlo a cuantas manos más me sea posible, y estoy profundamente comprometido con el ministerio a las familias que Dios me ha confiado. *Sin embargo, mi primera responsabilidad es la de evangelizar a mis propios hijos*. En palabras de mi padre, todo lo demás «parece pálido y pobre» en contraste con aquel anhelo ferviente. A menos que mi hijo y mi hija capten la fe y prosigan la carrera, poco importa a qué velocidad corran. No significa nada pasar primero la línea de llegada si lo hacen sin el relevo.

La urgencia de esta misión nos ha llevado a Shirley y a mí a postrarnos sobre nuestras rodillas desde el nacimiento de nuestro primer hijo. Más aun, desde octubre de 1971 hasta comienzos de 1978, destiné un día semanal a ayunar y orar específicamente por la salud espiritual de nuestros hijos. (Shirley aceptó luego asumir la responsabilidad y la mantiene hasta hoy.) Este compromiso nace de nuestra intensa convicción de que necesitamos ayuda divina para la tremenda tarea de la crianza. No hay conocimiento suficiente que puedan proveer los libros, ni sabiduría humana suficiente en ningún lugar de la tierra, que garanticen el resultado de la tarea paterna. Hay demasiados factores que escapan a nuestro control, demasiadas influencias maléficas, que atentan en contra del mensaje cristiano. Por eso es que nos derramamos semana tras semana en oración, pronunciando esta plegaria familiar:

> Señor, aquí estamos otra vez. Tú sabes lo que necesitamos aún antes de que lo pidamos, pero permite que te lo digamos una vez más. Cuando consideres los muchos pedidos que te hemos hecho a lo largo de los años... relacionados a nuestra salud y a nuestro ministerio, y al bienestar de los que amamos... por favor pon esta súplica al *principio* de la lista: que nuestra pequeña familia esté completa y unida en tu presencia el Día del Juicio Final. Compensa nuestros errores y fracasos como padres, contrarresta las influencias de un mundo maligno que podría debilitar la fe de nuestros hijos. Y especialmente, Señor, te pedimos que estés presente cuando nuestro hijo y nuestra hija estén ante una encrucijada, decidiendo si toman o no el camino cristiano. No estarán bajo nuestro cuidado en esos momentos, y humildemente te pedimos que tú *estés allí*. Envía un amigo o un líder significativo para ayudarlos a elegir el rumbo correcto. Te pertenecían a ti antes de nacer, y ahora te los entregamos nuevamente por fe, sabiendo que los amas aun más que nosotros. A ese fin, dedicamos este día de ayuno y oración.

Dios no sólo ha oído nuestra oración, sino que nos ha bendecido de maneras que ni siquiera habíamos imaginado. En primer lugar, éste ha sido un proyecto que Shirley y yo hemos disfrutado *en común*, acercándonos entre nosotros a medida que nos acercábamos a Dios. En segundo lugar, el hecho de ayunar cada semana es una forma de evaluar continuamente nuestra escala de prioridades. Es muy difícil olvidar esas prioridades esenciales, si hemos destinado un día cada siete a concentrarnos en ellos. Finalmente, y por sobre todas las cosas, los niños han podido observar esta disciplina cada martes, y han sido influenciados por ello. Conversaciones como la siguiente tuvieron lugar a lo largo de los críticos años de su infancia.

«¿Por qué no cenas hoy con nosotros, papá?»

«Hoy es martes, y estoy ayunando».

«Ah, cierto. ¿Qué dijiste que significaba "ayunar"?»

«Bueno, algunos cristianos deciden no comer por un tiempo para dedicarse a la oración de manera especial. Es una manera de pedirle una bendición a Dios o de expresarle nuestro amor».

«¿Qué estás pidiendo tú?»

«Tu madre y yo estamos orando hoy por ti y por tu hermana. Estamos pidiéndole a Dios que él dirija sus vidas; queremos que les ayude a elegir la profesión y a encontrar la persona adecuada con la cual casarse. También le estamos pidiendo que camine a diario con ustedes, todos los días de sus vidas».

«Nos aman mucho, si oran así por nosotros».

«Por cierto que los amamos. Y Dios los ama aun más».

Supongo que hay otra explicación detrás de la guerra espiritual de nuestros hijos. Me han contado que mi bisabuelo por línea materna, George McCluskey, tuvo una carga similar por sus hijos en las últimas décadas de su vida. Dedicaba una hora, de once a doce de la mañana todos los días, a interceder en oración por su familia. No sólo pedía a Dios que bendijera a sus hijos: ¡extendía su ruego por las generaciones que aún no habían nacido! De hecho, mi bisabuelo estaba orando por *mí*.

Hacia el final de su vida, este anciano anunció que Dios le había hecho una promesa muy peculiar. Le había dado la seguridad de que *cada uno* de los miembros de cuatro generaciones de nuestra familia serían cristianos, incluyendo los que estaban por nacer aún. Murió, y esa promesa llegó a ser parte de la herencia espiritual que fue pasando de generación en generación en la línea de los McCluskey.

Puesto que yo represento la cuarta generación a partir de la de mi bisabuelo, la promesa adquiere un significado adicional. Se ha cumplido de una manera realmente fascinante. McCluskey y su esposa eran ministros y líderes en su denominación. Tuvieron dos hijas, una de las cuales fue mi abuela y la otra mi tía abuela. Las dos se casaron con ministros de la misma denominación de sus padres. Sus hijos sumaron un varón y cuatro mujeres, una de las cuales fue mi madre. Las mujeres se casaron todas con pastores de la misma denominación, y el varón también se consagró al ministerio. Luego llegamos a mi generación. Mi primo H. B. London y yo fuimos los primeros en llegar a la universidad, y fuimos compañeros de habitación. Durante nuestro primer semestre, él anunció que se sentía llamado por Dios a servir como ministro (¡ya sabe lo que viene!) en la misma denominación de su bisabuelo. ¡Créanme que todo esto empezó a ponerme un tanto *nervioso*!

Yo soy el primero, aunque no el único, miembro de esta cuarta generación que no ha sido específicamente «llamado» al ministerio. Pero considerando los cientos de veces que me ha tocado hablar acerca del evangelio de Jesucristo y su aplicación a la vida familiar, me pregunto: «¿Cuál es la diferencia?» Dios tiene formas maravillosas de ejecutar su propósito en nuestras vidas. En ocasiones, mientras estaba en la plataforma de alguna iglesia muy numerosa, esperando mi turno de hablar, me parecía sentir la presencia de aquel anciano.... como si estuviera sonriéndome con picardía desde el más allá.

Aunque mi bisabuelo ha muerto hace mucho tiempo, un año antes de mi nacimiento, todavía resulta mi mayor fuente de inspiración espiritual. Uno tiembla al advertir que las oraciones de este hombre particular, pronunciadas hace más de cincuenta años, se proyecten cuatro generaciones después e influyan en el desarrollo actual de mi vida. Ese es el poder de la oración, y la fuente de mi esperanza y optimismo. No me diga que Dios ha muerto... o que no es fiel a sus pactos. ¡George McCluskey y yo sabemos muy bien que está vivo!

Los hombres en mi familia han trasmitido una herencia espiritual más valiosa que cualquier capital financiero que pudieran haber acumulado; y yo estoy firmemente decidido a preservarlo en beneficio de mis hijos. No hay llamamiento superior a ese en toda la faz de la tierra.

¿Están todos los niños?

Pienso a veces, cuando se acerca la noche,
    en una vieja casa en la colina,
y en un jardín amplio y tachonado de flores,
    donde los niños juegan a gusto
y cuando llegaba finalmente la noche
    aquietando el alegre bullicio,
mamá miraba alrededor, preguntando:
    ¿están todos los niños adentro?
Han pasado tantos años
    desde aquel tiempo y la casa en la colina
ya no se oye el eco de pasos infantiles
    y el jardín está tan, tan quieto
pero puedo verlo todo cuando surgen las sombras
    y aunque han pasado muchos años
puedo escuchar a mamá que pregunta:
    ¿están todos los niños adentro?
me pregunto si al caer las sombras
    sobre el último breve día en la tierra
cuando digamos adiós al mundo exterior
    cansados de nuestros juegos infantiles
cuando pongamos el pie en la otra tierra
    donde mamá ha ido hace tanto tiempo
la oiremos preguntando como antaño
¿están todos los niños adentro?

—Anónimo

8

El hombre y su autoridad

La siguiente «Carta al Director» apareció en *Moody Monthly,* en febrero de 1979:

El otro día estaba en un taller esperando que cambiaran el silenciador al auto. Una joven mamá entró con Marcos, de unos cinco años, y dejó caer dos asientos delante de mí. A los tres minutos, Marcos empezó a pedir una *gazeoza*, señalando hacia la máquina expendedora.

«No, Marcos», dijo la madre. Pero Marcos sabía, y yo también, por la forma en que había dicho «no», que en realidad quería decir: «Sigue insistiendo y obtendrás lo que quieres». De modo que Marcos empezó su campaña. Amenazó con pegarle. Se tiró al suelo y se puso a chillar. La acusó de no quererlo. Hasta dijo algunas cosas que no estaban muy bien en boca de un niñito. Era demasiado.

Me volví hacia la mamá, y le dije: «Por el bien del niño, ¡disciplínelo! Se lo agradecerá más tarde. Compre un ejemplar del libro del Dr. James Dobson, *Atrévete a disciplinar*, de Tyndale, por su bien y el del niño».

¿Cree que lo habrá hecho? No lo sé. ¿Lo hará usted? Espero que sí.

Se trataba de una carta anónima, de modo que no tengo cómo agradecer a quien la escribió por su generosa recomendación. Pero sé bien como se siente, porque yo también he tenido oportunidad de observar niños como Marcos haciendo escenas en los aeropuertos y en los restaurantes y en los negocios de todo el país. Y como se podrá imaginar, me cuesta muchísimo guardar silencio mientras observo a una criatura de un metro o menos, intimidar y sobrepasar a su padre mucho más corpulento. Nunca soy tan cortante como la persona que escribió aquella carta, pero a veces he hecho preguntas bastante directas, a las que generalmente no recibo respuesta.

Cuando los padres no ejercen el liderazgo, algunos niños se vuelven extremadamente ofensivos y desafiantes, especialmente en lugares públicos. Quizás el mejor ejemplo es el de un niño de diez años, llamado Roberto, paciente de mi buen amigo el Dr. William Slonecker. El Dr. Slonecker y su equipo pediátrico tenían terror a los días de control de Robertico. Literalmente atacaba la clínica, arrebataba los instrumentos, los legajos, los teléfonos. Su pasiva madre no hacía mucho más que sacudir perpleja la cabeza.

Durante uno de esos exámenes, el Dr. Slonecker observó caries avanzadas en los dientes de Roberto; obviamente, el niño debía ser transferido a un dentista. ¿A quién concederle el honor? Remitir a alguien como Roberto era decretar el fin de una amistad profesional. El Dr. Slonecker finalmente decidió enviarlo a un dentista de cierta edad, de quien sabía que entendía a los niños. La confrontación que sigue ha quedado registrada como uno de los momentos clásicos de los conflictos de la historia.

Roberto llegó al consultorio, decidido a dar batalla.

«Súbete al sillón, jovencito», dijo el dentista.

«¡Nunca!», contestó el niño.

«Hijo, te dije que subieras al sillón y eso es lo que quiero que hagas», repitió el doctor.

Roberto contempló por un instante a su rival, y luego respondió: «Si usted me hace subir al sillón, me voy a quitar toda la ropa».

«Quítatela», respondió calmadamente el doctor.

El muchacho inmediatamente se quitó la camisa, camiseta, zapatos, medias y luego miró desafiante.

«Está bien, hijo», dijo el dentista. «Ahora súbete al sillón».

«Usted no me entendió», espetó Roberto. «Dije que si me hacía subir, me quitaría *toda* la ropa».

«Pues quítatela», fue la respuesta.

Roberto procedió a quitarse los pantalones y calzoncillos, quedando totalmente desnudo delante del dentista y su asistente.

«Ahora, hijo, te subes al sillón», respondió el doctor.

Roberto hizo lo que se le decía y se sentó mansamente durante toda la consulta. Cuando terminaron de limpiar y llenar las cavidades, le dijeron que se bajara del sillón.

«Ahora déme la ropa», dijo el muchacho.

«Lo siento», contestó el dentista. «Dile a tu madre que se va a quedar aquí esta noche. Puede pasar a recogerla mañana».

¿Pueden imaginar el impacto de la mamá de Roberto cuando abrió la puerta y su hijo apareció en la sala de espera, tan desnudo y rosadito como el día en que nació? La sala estaba llena de pacientes, pero Roberto y su mamá pasaron delante de ellos, hacia la entrada y de allí al ascensor y al lugar de estacionamiento evitando las miradas de los curiosos.

Al día siguiente, la mamá de Roberto regresó para buscar la ropa de su hijo y pidió hablar con el dentista. No tenía la intención de protestar. He aquí lo que expresó: «No sabe cuánto le agradezco lo que sucedió aquí ayer. Roberto me ha estado chantajeando por años con este asunto de la ropa. Cada vez que estamos en lugares públicos, me hace peticiones irrazonables. Si no le doy de inmediato lo que desea, amenaza con desnudarse. Usted es la primera persona que ha hecho frente a su bravuconada, doctor, y el impacto en Roberto ha sido enorme!»

No hace falta mucha intuición para reconocer la necesidad de disciplina en las vidas de niños como Roberto y los otros que he mencionado, lo mismo que en la de miles de niños de su edad. El sentido común pondría muchas cosas a la luz. Los niños a los que se permite gobernar a sus azorados padres, se sienten las criaturas más frustradas del universo entero, mientras patalean y chillan y golpean el piso. Sin embargo, los teóricos humanistas de nuestra época han llegado de alguna manera a la conclusión de que lo que estos niños necesitan es libertad, y no liderazgo adulto. La autoridad, aun si está permeada de amor, se considera dañina para los niños.

Ese increíble concepto ha dado origen a una poderosa corriente política que opera bajo el nombre de «Movimiento por los derechos del niño» (MDN). Sus objetivos se detallan en la «Carta de los derechos del niño», originalmente escrita por el Dr. Richard Farson*, y las parafraseamos a continuación:

1. Se debe garantizar a los niños el derecho de hacer *todas* sus decisiones. El MDN considera este como el derecho fundamental del cual se desprenden todos los otros. Por lo tanto, se propone la disolución de la tutela paternal.

2. Niños de cualquier edad tienen derecho a vivir donde ellos elijan. Por ejemplo, si un niño de tres años decidiera mudarse a vivir con un vecino que le compra golosinas, sus padres no tienen derecho de obligarlo a regresar al hogar. ¡De veras!

3. Niños de cualquier edad tienen derecho a votar y estar involucrados en todas las decisiones que ata-

---

* Richard Farson: *Birthrights: A Child's Bill of Rights*, Macmillan, Nueva York, 1974.

ñen a sus vidas (ya sean gubernamentales, eclesiásticas, educacionales, médicas o familiares).

4. Los niños deben tener acceso a toda información que esté al alcance de los adultos. Ni la pornografía ni la violencia les debe ser vedada, ni sus historias clínicas.

5. Debe permitirse a los niños toda forma de actividad sexual que está permitida a los adultos. Si un muchacho de quince años decide traer a su casa una amiga a pasar la noche, los padres no harán otra cosa que quedarse al margen y dejarlos cerrar la puerta del dormitorio. Una niña de ocho años podría complacer a un hombre adulto, sin implicaciones legales para ninguno de los dos, ya que hubo consentimiento «mutuo».

6. Niños de cualquier edad han ser totalmente responsables de sus propias metas educacionales, libres de dejar la escuela o de asistir cuando les plazca. La educación obligatoria debe ser totalmente eliminada.

7. Los niños deben contar con un ambiente físico construido a su medida, en lugar de tener que adaptarse al de los adultos. (No queda claro lo que esto significa: deduzco que sería ilegal construir muebles a la medida de los adultos o colocar los bebederos a la altura en que se encuentran.)

8. Los niños no deben recibir nunca un castigo físico, ni en el hogar ni en la escuela.

9. Los niños deben ser beneficiarios del mismo sistema de justicia que beneficia a los adultos. No debiera, por ejemplo, aplicarse la más mínima sanción disciplinaria en la escuela, antes de que el niño sea juzgado, careado con los acusadores, in-

formado de la evidencia en su contra, y sentencia-
do culpable o inocente por un juzgado de pares.

10.   Se debe permitir a niños de cualquier edad afiliarse
a un gremio, buscar empleo, recibir la misma paga
por igual trabajo, firmar contratos, manejar su dinero, y ser económicamente independientes. El
garabato que firme un niño de siete años será legal-
mente reconocido. John Holt y otros han llegado a
sugerir que los niños deben recibir un salario, aunque no queda claro quién lo proveería.

¿Queda alguna duda de los objetivos que persiguen los
defensores de los «derechos del niño»? No quieren meramente *debilitar* la autoridad paterna: la quieren *destruir*. Sus
metas representan, en esencia, una serie de prohibiciones a
padres y maestros. No, señor, no se puede requerir de un
niño de ocho años que vaya a la escuela, que viva en su casa,
que alimente a su mascota, que asista a la iglesia, que tome la
medicina, que se dirija respetuosamente a sus padres, que
llegue antes de la medianoche, que ordene su habitación, que
devuelva un juguete robado, que evite películas pornográfi-
cas, que deje de jugar al «doctor» con la vecinita, que deje de
tomar alcohol. No señor, usted irá a la cárcel si priva así a sus
hijos de sus derechos. Usted es el «par» de su hijo, no su líder.

«Es muy fácil hablar», puedo escuchar que dicen algunos
lectores. «Sólo porque algún psicólogo deschavetado ofrezca
algunas propuestas extremas respecto a los niños, no significa que estas imposiciones alcancen a *mi* familia».

No estoy tan seguro. El mayor triunfo del MDN se alcanzó en Suecia, en 1979, cuando se declaró ilegal que los padres
dieran palizas o castigaran de alguna otra forma a sus hijos.
La ley, que se impuso en el Parlamento sueco por 259 contra
6, prohíbe «*cualquier* acto que, con la intención de castigar,
cause sufrimiento o dolor al niño, aun si aquel fuera suave o
pasajero». También se prohíbe el castigo psicológico, como
las reprimendas, mandar al niño a su habitación, suspenderle
la televisión, y humillaciones similares. Se provee un servicio

telefónico de emergencia las veinticuatro horas del día para que los menores puedan demandar las contravenciones de sus padres directamente al *ombudsman*.

Después de este increíble avance, los psicólogos norteamericanos se pusieron en campaña para lograr una ley similar en su país. La supresión de los castigos no es más que una pequeña parte de lo que *Los Angeles Times* llamó «La gigantesca marcha por los derechos del niño». Es posible que veamos cómo se difunden explosivamente sus otros nueve objetivos en los años por venir. Volviendo a Suecia, que es donde este movimiento ha encontrado el terreno más fértil, un destacado profesor de la Universidad de Estocolmo ha propuesto que la Constitución sueca sea reformada para proveer nuevos derechos a los menores de edad. Uno de los que espera incluir es el derecho de los niños a «divorciarse» de sus padres. (Hoy, Suecia *ya* ha aprobado esta ley.)

Más preocupante aún es el hecho de que las Naciones Unidas aprobaron un perturbador documento en 1989, titulado «Las Naciones Unidas y la Convención sobre los Derechos del Niño». Si bien incluía muchas proposiciones valiosas orientadas a proteger a los niños de todo el mundo de la explotación y las privaciones, también incluía siete artículos que pueden socavar la autoridad de los padres. Lo cierto es que se ajustan totalmente al espíritu del «Movimiento de los derechos del niño». Son los siguientes:

- El artículo 13 garantiza libertad de expresión, y el derecho a «procurar, recibir y ofrecer información e ideas de todo tipo... sea en forma oral, escrita o gráfica, por medio del arte, o de cualquier otro medio que el niño elija». No se prevee la posibilidad de que los padres impongan alguna restricción, basados en las pautas familiares del decoro.

- El artículo 14 asegura a los niños libertad de «pensamiento, conciencia, y religión». El rol de los padres es sólo el de «orientar».

- El artículo 15 prohíbe cualquier restricción a la libertad de asociación del niño, con excepción de las que afecten la seguridad nacional, el orden o la seguridad pública, o la salud y la moral pública, o el derecho de otros. No se menciona derecho alguno de los padres a oponerse a amistades indeseables.

- El artículo 16 prohíbe la interferencia arbitraria en la intimidad, la familia, hogar, o correspondencia de un niño.

- El artículo 17 confía a los medios de comunicación la responsabilidad de proveer a los niños información y recursos para su «bienestar social, espiritual y moral, así como su salud física y mental». Los medios también deben protegerlo de «información y materiales que afecten su bienestar».

- El artículo 18 garantiza a los niños de padres que trabajan «el derecho de beneficiarse de los servicios e instalaciones de asistencia al menor».

- El artículo 19 requiere que el Estado legisle y eduque en contra de toda forma de abuso de menores, cometido por padres, tutores u otros, con el objeto de erradicar «toda forma de violencia mental o física». Uno se pregunta exactamente qué significa esto, y cuánto más avanzará esta legislación.*

No hace falta ser un analista político para reconocer la estocada de la Convención de las Naciones Unidas, o su impacto potencial sobre el liderazgo paterno. Lo más significativo es que el documento actúa como un acuerdo. Es decir que tiene peso legal sobre las personas que viven en los países que lo ratifican. Hasta el momento, ha sido ratificado por setenta y un países, incluyendo Francia, Suecia, España, Australia, Alemania, la Unión Soviética, y hasta el Vaticano.

---

* Jim Sclater: «La farsa de los derechos del niño», en *British Columbia Report*, 10 de Septiembre de 1990, pp. 21-22.

Mientras escribo estas líneas en 1991, Canadá está debatiendo su ratificación. En los Estados Unidos de Norteamérica no ha sido analizado oficialmente, sólo porque el presidente aun no ha enviado la Convención al Congreso. Hay bastante probabilidad de que sea aprobada en caso de llevarse a votación. El 11 de septiembre de 1990, el Senado de los Estados Unidos pidió formalmente al Presidente Bush que remitiera el documento para su consideración. El 17 de septiembre del mismo año los Diputados emitieron una resolución similar. Es probable que en poco tiempo la Convención ya sea una disposición legal que rija, por encima de la Constitución, a todos los ciudadanos de la nación.

Mi énfasis es que el «Movimiento de los derechos del niño» tiene un alcance mundial, y que ha logrado significativas victorias en los últimos veinte años. En el fondo, sus adherentes anhelan reemplazar la sabiduría antigua del sistema judeo cristiano por los valores propios del sistema humanístico característico del siglo XX. No debemos permitir que triunfen. Si queremos hijos sanos, si queremos preservar la herencia que nos fue confiada por nuestros antepasados, no podemos socavar la autoridad de los padres y la estabilidad de la familia.

En una brillante monografía titulada «Los derechos del niño: La ruta ideológica hacia Suecia», el profesor William Donahue expresó la siguiente preocupación:

> Una de las mayores tragedias de nuestro tiempo es que aquellos que profesionalmente declaran representar los intereses esenciales de la niñez... que se describen a sí mismos como defensores de los niños... a menudo contribuyen más a provocar el problema que a resolverlo. Particularmente, son los defensores de los derechos del niño, los que han presionado por sus derechos en abierta oposición a los que abusan de los menores, quienes han producido, y continúan produciendo, grave daño al bienestar psicológico de los niños. Sus intenciones pueden ser benévolas, pero eso poco cuenta finalmente. Consideran que el principal problema que enfrenta la niñez es la falta de libertad. Partiendo de un

diagnóstico equivocado, multiplican el error, porque asu-
men un concepto equivocado de libertad. La solución que
proponen es hacerse a un lado.*

La conclusión de Donahue es que «si se concediera a los
niños los mismos derechos que los adultos, se derrumbaría
la base misma de la autoridad de los padres. En ausencia de
esa base social, todas las cualidades personales sobre las que
se asienta esa misma libertad, nunca llegarían a desarrollarse.
La sociedad, y la libertad que la permea, se autodestruirían»
(p. 5).

Debo aclarar que no me opongo en absoluto a las numerosas organizaciones muy valiosas que trabajan por asegurar
una mejor calidad de vida para los niños. El abuso físico, la
explotación sexual, el trauma psicológico, se ejercen sobre
niños y niñas indefensos en todas partes, y por cierto no es
mi intención desacreditar los esfuerzos de quienes procuran
aminorar sus sufrimientos. Sin embargo, entre todas estas
personas bien intencionadas, hay una minoría que sostiene
la postura que he descrito. Pretenden imponer un nuevo
estilo de vida... una nueva ética para los padres... e imponér-
sela a todas las familias. Esta minoría ha tenido un notable
éxito en su trabajo en la última década.

La franja más radical del «Movimiento de los derechos
del niño» está trasladando su énfasis del ámbito filosófico al
jurídico. Recibí una carta de un abogado varios años atrás,
pidiéndome ayuda para defender a un padre amenazado de
perder a su hija. Los detalles de la situación eran difíciles de
creer. Parece que el Departamento estatal de Servicio Social
intentaba quitar la tutela del padre sobre su hija de seis años
porque su padre no le permitía ir al cine, escuchar rock o
mirar determinados programas de televisión. La niña presenta buena integración emocional y es popular entre sus
amigas de la escuela. Su maestra informa que está entre los

---

* William Donahue: «Los derechos del niño: La ruta ideológica hacia
Suecia». Publicado por el Instituto Rockford, del Centro Norteamericano
de la Familia, Vol. 2, Nº II, 1988, pp. 1-2.

cinco primeros alumnos de la clase, desde el punto de vista académico. Sin embargo, la Corte pide que se la retire del hogar por el «abuso» inadmisible que vive allí.

Hay pocas cosas que me sacan de quicio durante esta etapa más serena de mi vida, pero la que acabo de presentar es una de ellas. Cuando se permite a los humanistas que impongan su ingenuo idealismo en la estructura y funcionamiento de la unidad familiar básica, incluyendo la suya y la mía, entonces la nación íntegra peligra. En este caso, están socavando el derecho de los padres a imprimir valores morales en sus hijos, que es una responsabilidad asignada por Dios mismo. Ya he escrito antes estas palabras, pero siento la necesidad imperiosa de reiterar su rotundo mensaje: la autoridad es el pegamento que mantiene unidas las instituciones humanas, sea en el gobierno, en el ejército, en la escuela, en la empresa... o en el hogar. Cuando no hay liderazgo en las relaciones humanas, el caos se impone soberano.

Hay tres principios relativos a la autoridad que son esencialmente importantes para la familia, y para la continuidad de nuestro sistema de vida. Quisiera analizarlas rápidamente:

---

1. La responsabilidad fundamental de proveer autoridad en el hogar ha sido asignada al hombre.

Sé que no es popular reafirmar el viejo concepto bíblico de que Dios ha hecho a los *hombres* responsables por el liderazgo de sus familias. Sin embargo, ésa es la forma en que yo interpreto las Escrituras. En 1 Ti. 3.4-5 declara:

Ha de tener una familia modelo cuyos hijos obedezcan presta y silenciosamente; porque mal puede gobernar la iglesia quien no puede guiar a su propia familia (La Biblia al Día).

Sea que parezca desactualizado o no, un hombre cristiano tiene la obligación de conducir a su familia de la mejor manera que le sea posible. Este rol no justifica, por cierto, el ejercicio de una opresión brutal sobre los hijos, o el descuido de las necesidades y anhelos de su esposa. Pero al parecer Dios espera que el *hombre* sea la fuente última de las decisiones en el hogar. Al mismo tiempo, conlleva mayor responsabilidad por las consecuencias de esas decisiones. Si su familia se ha embarcado en demasiados créditos para la adquisición de bienes, la quiebra financiera es en última instancia su culpa. Si la familia nunca lee la Biblia o rara vez asiste a la iglesia, Dios se lo reclamará a él. Si los niños faltan el respeto o son desobedientes, la mayor responsabilidad le cabe al hombre... no a su esposa. (No recuerdo que se haya juzgado a la esposa de Elí por la mala crianza de sus hijos; fue él quien cayó bajo la ira de Dios. Ver 1 S. 3.13.)

Desde esta perspectiva, ¿qué sucede en una familia cuando el líder natural no cumple su papel? Se pueden observar consecuencias similares en una empresa cuyo presidente sólo simula dirigir la compañía. Una organización así se desintegra muy rápidamente. No se puede pasar por alto la impresionante similitud con las familias carentes de liderazgo. Es mi opinión que la mayor necesidad de las familias de nuestro país es que los esposos empiecen a liderar a sus familias, en lugar de volcar toda su energía física y emocional a la adquisición de dinero. Esta convicción fue la que me movió a escribir el libro que ahora está leyendo.

---

2. Los niños espontáneamente buscan autoridad
en el padre.

Cuando mi hijo Ryan tenía cinco años, había escuchado una alusión a mi propia infancia.

«Papá, ¿alguna vez fuiste pequeño?», preguntó.

«Sí, Ryan, incluso fui más pequeño que tú», contesté.

«¿Alguna vez fuiste un *bebé*?», preguntó incrédulo.

«Sí. Todas las personas son bebés pequeños al nacer».

Ryan se mostró perplejo. Sencillamente no podía imaginar que su papá, de un metro ochenta y 80 kg., alguna vez hubiera sido un bebé. Pensó por un momento y luego preguntó: «¿Eras un *bebé-papá*?»

A Ryan le era imposible imaginarme sin el manto de autoridad, aun si fuera un bebé recién nacido. Su hermanita de nueve años reaccionó de manera parecida la primera vez que vio unas filmaciones de cuando yo tenía apenas cuatro años. En la pantalla aparecía un inocente muchachito con rostro infantil, montado a caballo. Hubo que asegurarle a Danae que se trataba de mí, luego de lo cual exclamó: «¿*Ese* niño es el que me da palizas?»

Ambos, Danae y Ryan, habían expresado la percepción que tenían de mi persona... no la de una hombre a quien se había conferido autoridad, sino más bien la de un hombre que *era* la autoridad. Muchachos y niñas por igual perciben así a sus padres, cuya estatura, fuerza, y voz grave son atributos de liderazgo. Por eso es que, aunque haya excepciones, es más probable que un maestro mantenga la disciplina de un aula más fácilmente que mujeres de modales delicados y voces suaves. (Una maestra me dijo una vez que la lucha por mantener el control de su clase era como tratar de mantener treinta y dos peloticas de ping-pong bajo agua al mismo tiempo.)

Por eso es que las madres necesitan que sus esposos se comprometan con la disciplina en el hogar. No significa que sea el hombre quien deba resolver todos los actos de desobediencia, sino que debe proveer el marco dentro del cual se construye la autoridad paterna. Lo que es más, debe quedar claro a los niños que papá respalda las estrategias de mamá, y que la defenderá en caso de insurrección. Refiriéndonos otra vez a 1 Timoteo, es a esto a lo que se alude cuando se dice que el padre debe «gobernar su propia casa».

---

3. La autoridad *siempre* será puesta a prueba.

Es parte constitutiva del temperamento, que la voluntad rechace la autoridad externa. Esta actitud de rebelión se manifiesta desde el primer año de vida y se vuelve dominante durante el segundo. Esa edad «terrible» puede resumirse en esta incisiva pregunta: «¿Con qué derecho tú o cualquier otra persona pretenden decirme qué hacer con mi vida?» Esa misma pregunta reaparece durante los años de la adolescencia, acompañada de dulces comentarios tales como: «¡Yo no elegí nacer!» Johnny Carson dijo una vez que si sus hijos adolescentes le decían eso, respondía: «Qué bueno que no hayas pedido nacer, porque te hubiera dicho que *no*».

Lo que quiero enfatizar es que los seres humanos a cualquier edad, tienden a probar los límites de la autoridad. En la raíz de esta resistencia encontramos la manifestación de la rebelión espiritual de la humanidad hacia Dios. Cualquiera que ponga en duda la naturaleza obstinada del ser humano no tiene más que observar la absoluta firmeza de voluntad de un niño pequeño. ¿Ha visto alguna vez a un niño de tres años mantener la respiración hasta quedar inconsciente? Sucede. Observe el caso del niño cuya madre me escribió la siguiente nota:

> Mi esposo y yo advertimos que nuestra hija de dos años tenía una voluntad muy férrea, el día que pretendimos que comiera arvejas. Julieta tomó un bocado y luego se negó a tragar. Pero también se negó a escupir las arvejas, no importa qué hiciéramos por lograrlo. Intentamos forzarla a abrir la boca, luego la amenazamos con una paliza. Finalmente, le rogamos que cooperara, pero se negó a ceder. No quedaba otra cosa que mandarla a la cama. Doce horas más tarde se levantó fresca y sonriente sin arvejas en la boca. Las encontramos apiladas al pie de su cama. ¡Su padre y yo nos aliviamos de saber que no había pasado la noche con las arvejas en la boca!

¿Es posible que una niña de dos años realmente pueda controlar y vencer a los adultos que la rodean? Por cierto que sí. Si hay algo en lo que falla la psicología del siglo XX, es en su incapacidad de reconocer este belicoso temperamento humano y la importancia de responder de manera adecuada cuando se presenten desafíos obstinados.

¿Cuál *es* la reacción apropiada frente a los actos de rebelión? Voy a dejar que un contador público, William Jarnagin, sea quien responda a esa pregunta. Me escribió la carta que transcribo a continuación, que es muy elocuente respecto a las relaciones entre padres e hijos.

Querido Dr. Dobson:

Quiero agradecerle mediante esta nota la acción que desarrolla para fortalecer a la familia en nuestro país. Mi esposa y yo hemos leído recientemente cuatro de sus libros y nos hemos beneficiado enormemente.

Quisiera relatarle una experiencia reciente con nuestro hijo de seis años, David. El viernes pasado por la noche, mi esposa, Becky, le dijo que levantara unas cáscaras de naranja que había dejado sobre la alfombra, cosa que él sabe es una prohibición absoluta. No lo hizo; en consecuencia recibió una palmada en las nalgas, tras lo cual inició una rabieta en obvia actitud de desafío.

Como yo había estado observando el episodio desde el inicio, pedí la palmeta y la apliqué como correspondía, me ocupé de que levantara y dejara en el lugar apropiado las cáscaras de naranja, y lo mandé a la cama, ya que su horario se había excedido. Después de unos minutos, cuando sus emociones tuvieron tiempo de calmarse, fui a su habitación y le expliqué que Dios ha ordenado a todos los padres que realmente aman a sus hijos que deben disciplinarlos cuando corresponda, etc., y que nosotros realmente lo amábamos y por lo tanto no íbamos a permitir esa conducta desafiante.

A la mañana siguiente, después que me fui al trabajo, David entregó a su madre la siguiente cartica, junto con un montón de moneditas:

De David y Débora
para papá y mamá

Ross Dr. 3d. house
Sellmer, Tennasse
39718

Qeridos papá y mamá:

Haquí les doy este dinero
por darme una *palisa* cuando
realmente la *nesecito*
y eso *bale* para Débora *tanvién*.
Los amo

> Tu *ijo* David
> y tu *ija* Débora

Cabe decir que Débora es nuestra hija de un año, cuya adopción habremos completado probablemente alrededor de junio próximo.

Manténgase firme en su trabajo, y que Dios lo bendiga.

> Sinceramente,
> William H. Jarnagin

Este hombre ha entendido cuál es la respuesta apropiada de un padre al desafío de su hijo. No es áspero, ni agresivo, ni violento, ni caprichoso. En cambio, demuestra una disciplina firme pero afectuosa, que es la necesaria por el bienestar del niño. Qué afortunado el muchacho o la niña cuyo padre aun comprende esa antigua máxima.

Resumen

Los hombres de las naciones de Occidente han pasado por una grave crisis de identidad en los últimos años, paralela a la confusión que han enfrentado sus esposas. Esta crisis ha sido producida por un persistente desafío a todo lo que tradicionalmente se ha considerado como masculino, de la misma forma que el movimiento feminista ha ridiculizado las conductas y costumbres femeninas tradicionales. El liderazgo masculino, particularmente, ha sido ridiculizado como una expresión de machismo, invariablemente egocéntrica. El propósito de este capítulo ha sido reafirmar la importancia de la autoridad en la familia: en primer lugar, por la provisión tierna de orientación y guía, y en segundo lugar, por la crianza de niños sanos. Ambos objetivos forman parte del modelo del Creador para lograr una familia con éxito.

9

Preguntas relativas
a los hijos

Hasta aquí, hemos tratado exclusivamente con la relación entre un hombre y sus hijos. Antes de pasar a otros aspectos del compromiso masculino, quizás debiéramos dedicar un último capítulo a preguntas y respuestas relacionadas con los niños. Este enfoque me permitirá clarificar las perspectivas que he presentado, a la vez que adelantarme a algunos interrogantes que pudieran haberse planteado. Un tema que me preocupa de manera especial es la «prioridad básica» de un hombre, es decir, la de ganar a sus hijos para Cristo.

Empezaremos con un tópico que preocupa de manera especial a las mujeres cristianas de este tiempo. Se trata de una pregunta que me hacen siempre que hablo sobre el tema de la paternidad.

1. *Estoy de acuerdo con el concepto de que el padre debe ser el líder espiritual en el hogar, pero simplemente no ocurre así en nuestro hogar. Si los niños van a la iglesia los domingos, es porque yo*

*los despierto y me aseguro de que se preparen. Si tenemos
devocionales familiares, es por mi insistencia, y soy yo quien ora
con los niños a la hora de dormir. Si yo no hiciera estas cosas,
nuestros hijos no tendrían ninguna instrucción espiritual. Pero
insisten que debería esperar que mi esposo asuma el liderazgo
espiritual en la familia. ¿Sería sabio hacerlo en mi caso?*

Se trata de una pregunta extremadamente importante,
que hoy es tema de controversia. Como usted ha dicho,
algunos líderes cristianos enseñan a las mujeres a esperar
pasivamente que sus esposos asuman la responsabilidad
espiritual. Hasta tanto eso ocurre, recomiendan a las esposas
mantenerse al margen y permitir a Dios que sea él quien
presione al esposo a aceptar el rol que él le ha dado. Estoy en
franco desacuerdo con esa perspectiva cuando hay niños
pequeños de por medio. Si se tratara sólo del bienestar espiritual de los esposos, entonces una mujer podría postergar
su oportunidad. Sin embargo, cuando hay hijos pequeños, la
escena cambia dramáticamente. Cada día que pasa sin instrucción espiritual para los niños, es un día que nunca podrá
ser recuperado.

Por lo tanto, si su esposo no acepta el rol del liderazgo
espiritual que Dios le ha dado, creo que usted debe hacerlo.
No hay tiempo que perder. Debe seguir llevando la familia
a la iglesia los domingos. Debe orar con los niños y enseñarles
a leer la Biblia. Más aún, usted debe mantener sus devociones
privadas y su propia relación con Dios. En pocas palabras,
siento que la vida espiritual de niños (y adultos) es sencillamente demasiado importante para que una mujer lo poster-
gue dos, cuatro, o seis años, en la esperanza de que su esposo
alguna vez tome conciencia. Jesús dejó claro que los miembros de nuestra propia familia pueden erigir las mayores
barreras a nuestra fe, pero que no debemos permitirles que
nos obstaculicen. El dijo: «No penséis que he venido para
traer paz a la tierra; no he venido para traer paz, sino espada.
Porque he venido para poner en disensión al hombre contra
su padre, a la hija contra su madre, y a la nuera contra su

suegra; y los enemigos del hombre serán los de su casa. El que ama a padre o madre más que a mí, no es digno de mí; el que ama a hijo a hija más que a mí, no es digno de mí» (Mt. 10.34-37).

Ya he mencionado en este libro a mi abuelo, R. L. Dobson. El era un hombre recto que no advertía la necesidad de la fe cristiana. Su desinterés por las cosas espirituales puso a mi abuela, Juanita Dobson, en una situación muy difícil, porque ella era una cristiana devota que sentía que debía dar a Dios el primer lugar. Por lo tanto, ella aceptó la responsabilidad de llevar a sus hijos a Jesucristo. Hubo ocasiones en que mi abuelo la presionó mucho, no para que ella renunciara a su fe, sino para que no lo incluyera a él.

Solía decir: «Soy un buen padre, mantengo mi familia, pago mis cuentas, y soy honesto en el trato con mi socio. Eso es suficiente».

A lo que su esposa respondía: «Eres un buen hombre, pero eso *no* es suficiente. Debieras entregar tu corazón a Cristo». Esto es lo que él no podía comprender.

Mi abuela, una mujercita menuda, no hizo ningún intento de forzar la fe de su esposo, ni le faltó el respeto de ninguna forma. Pero siguió orando y ayunando en silencio por el hombre que amaba. Durante más de cuarenta años presentó esta misma petición de rodillas ante Dios.

Luego, a los sesenta y nueve años de edad, mi abuelo sufrió un ataque cardíaco, y por primera vez en su vida estuvo gravemente enfermo. Un día su hija menor entró a la habitación para ordenarla. Mientras pasaba junto a su cama, notó que había lágrimas en sus ojos. Nadie lo había visto llorar jamás.

«¿Qué pasa, papito?», preguntó.

«Querida, ve a llamar a tu madre», respondió él.

Mi abuela corrió junto a su esposo, y le oyó decir: «Sé que voy a morir y no tengo miedo, pero está todo muy oscuro. No hay salida. He vivido toda mi vida sin tener lo esencial. ¿Quieres orar por mí?

«¿Si quiero orar?», exclamó mi abuela. Había estado anhelando ese pedido durante toda su vida adulta. Cayó de rodillas y las intercesiones de cuarenta años parecieron derramarse en esa oración junto a la cama. R.L. Dobson entregó su vida a Dios ese día de una manera maravillosa.

Durante las dos semanas siguientes, pidió ver algunas personas de la iglesia a las que había ofendido y les pidió perdón. Puso en orden sus cosas personales, y murió con un testimonio en sus labios. Antes de entrar al coma del que nunca regresaría, mi abuelo dijo: «...Ahora hay una senda a través de la oscuridad».

Las tenaces oraciones de mi abuelita habían sido respondidas.

Volviendo a la pregunta, quiero advertir a las esposas que no se tornen en jueces y se vuelvan soberbias respecto a sus esposos. Que todo se haga en un espíritu de amor. Sin embargo, puede haber algunos años de soledad en que deban soportar solas la carga del liderazgo espiritual de los hijos. Si ese fuera el caso, el Señor ha prometido caminar con usted durante esos tiempos difíciles.

2. *La Biblia ordena a los padres que deben «instruir al niño en su camino». Pero esto plantea un interrogante esencial: ¿Cuál es el camino que debe andar? Si los primeros siete años son tan decisivos en la instrucción religiosa, ¿qué es lo que se le debe enseñar en ese período? ¿Cuáles son las experiencias que debe ofrecérsele? ¿Cuáles son los valores que deben enfatizarse?*

Tengo la firme convicción de que un niño debe ser expuesto a un programa sistemático y cuidadosamente planificado de instrucción religiosa. Pero lo que hacemos es dejar estas cosas al azar. Quizás daríamos más frecuentemente en el blanco si supiéramos cuál es ese blanco.

Más abajo incluyo una «Lista de control de la enseñanza espiritual» donde enumero una serie de metas hacia las cuales apuntar. Muchas de ellas requieren una madurez que los niños carecen, y no debe ser nuestra pretensión lograr de nuestros niños inmaduros cristianos adultos. Pero podemos instarlos suavemente hacia esas metas, a lo largo de los años más influenciables de su infancia.

En esencia, los cinco conceptos bíblicos que siguen, deben ser intencionalmente enseñados, ya que proveen el fundamento sobre el cual descansarán luego toda la doctrina y la fe. Estimulo a todo padre cristiano a evaluar la comprensión de su hijo en estos siguientes aspectos:

CONCEPTO I: «Amarás al Señor tu Dios con todo tu corazón» (Mt. 12.30).

1. ¿Está su hijo aprendiendo del amor de Dios por medio del amor, la ternura, y la misericordia de sus padres? (esto es crucial).

2. ¿Está aprendiendo a hablar acerca del Señor, y a incluirlo en sus pensamientos y planes?

3. ¿Está aprendiendo a recurrir a Jesús para que lo ayude cuando se siente asustado o ansioso o abandonado?

4. ¿Está aprendiendo a leer la Biblia?

5. ¿Está aprendiendo a orar?

6. ¿Está aprendiendo lo que significa fe y confianza?

7. ¿Está aprendiendo el gozo de la vida cristiana?

8. ¿Está aprendiendo la belleza del nacimiento y la muerte de Jesús?

CONCEPTO II: «Amarás a tu prójimo como a ti mismo» (Mc. 12.31).

1. ¿Está aprendiendo a comprender y simpatizar con los sentimientos de otras personas?

2. ¿Está aprendiendo a no ser egoísta y exigente?

3. ¿Está aprendiendo a compartir?

4. ¿Está aprendiendo a no pasar chismes y críticas?

5. ¿Está aprendiendo a aceptarse a sí mismo?

CONCEPTO III: «Enséñame a hacer tu voluntad, porque tú eres mi Dios» (Sal. 143.10).

1. ¿Está aprendiendo a obedecer a sus padres como una preparación para ser obediente a Dios? (Esencial.)

2. ¿Está aprendiendo a comportarse correctamente en el templo, la casa de Dios?

3. ¿Está aprendiendo a aceptar de una manera saludable los dos aspectos de la naturaleza de Dios: su amor y su justicia?

4. ¿Está aprendiendo que hay muchas expresiones de autoridad benevolente que lo rodean, y a las que debe someterse?

5. ¿Está aprendiendo el significado del pecado y sus consecuencias inevitables?

CONCEPTO IV: «Teme a Dios, y guarda sus mandamientos; porque esto es el todo del hombre» (Ec. 12.13).

1. ¿Está aprendiendo a ser veraz y honesto?

2. ¿Está aprendiendo a guardar el día de reposo?

3. ¿Está aprendiendo la relatividad del valor de las posesiones materiales?

4. ¿Está aprendiendo lo que significa una familia cristiana, y la fidelidad que Dios espera hacia la familia?

5. ¿Está aprendiendo a escuchar los dictados de su propia conciencia?

CONCEPTO V: «Más el fruto del Espíritu es... templanza» (Gl. 5.22-23)

1. ¿Está aprendiendo a ofrendar una parte de su dinero semanal, y de otro dinero que reciba?

2. ¿Está aprendiendo a controlar sus impulsos?

3. ¿Está aprendiendo a trabajar y asumir responsabilidades?

4. ¿Está aprendiendo la enorme diferencia que hay entre la autoestima y el orgullo egocéntrico?

5. ¿Está aprendiendo a postrarse ante el Dios del universo?

En resumen, los primeros siete años de su hijo debieran prepararlo para decir, a la edad en que ya tome conciencia: «Heme aquí, Señor, envíame a mí».

3. Nos resulta muy difícil mantener devocionales familiares porque nuestros niños pequeños parecen aburrirse demasiado. Bostezan, se mueven y se retuercen mientras estamos leyendo la Biblia. Por otro lado, sentimos que es importante enseñarles a orar y a leer la palabra de Dios. ¿Nos puede ayudar a resolver este dilema?

La palabra clave para los devocionales familiares es *brevedad*. No se puede esperar que los niños entiendan y aprecien extensas actividades espirituales propias de adultos. Cuatro o cinco minutos consagrados a uno o dos versículos bíblicos, seguidos por una breve oración, representan generalmente el límite de atención durante los años preescolares. Forzar a los niños pequeños a entender verdades eternas en un devocional eterno, puede ser eternamente peligroso.

4. Mi esposa y yo somos nuevos como creyentes, y ahora advertimos que hemos criado a nuestros hijos sobre principios equivocados. Ya han crecido, pero constantemente nos afligimos por el pasado, y sentimos una enorme amargura por nuestro fracaso como padres. ¿Hay algo que podamos hacer cuando ya ha pasado tanto tiempo?

Permítame tratar, en primer término, con la terrible culpa que evidentemente están soportando. No hay prácticamente ningún padre sobre la tierra que no tenga algunas amarguras y recuerdos dolorosos de sus fracasos en la crianza. Los niños son infinitamente complejos, y no podemos ser padres perfectos, de la misma manera que no podemos ser seres humanos perfectos. Las presiones de la vida son enormes, todos nos cansamos y nos sentimos irritados; estamos influenciados por nuestras necesidades físicas y nuestras emociones, que a veces nos impiden decir las cosas correctas, y ser el modelo que debiéramos ser. No siempre tratamos a nuestros hijos con objetividad, y es muy común que al mirar hacia atrás uno o dos años después veamos cómo nos habíamos equivocado en nuestro enfoque respecto a ellos.

¡Todos vivimos esos fracasos! *¡Nadie hace un trabajo perfecto!* Por eso es que cada uno de nosotros debiera presentarse ante el Creador de los niños, y decir:

> Señor, tú conoces mis imperfecciones. Tu conoces mis debilidades, no sólo como padre, sino en todas las áreas de mi vida. Hice lo mejor que pude, pero no fue suficientemente bueno. De la misma forma que multiplicaste los peces y los panes para alimentar a cinco mil personas, ahora te pido que tomes mi humilde esfuerzo y lo uses para bendecir a mi familia. Compensa mis errores. Satisface las necesidades a las que yo no he respondido. Envuelve en tus brazos poderosos a mis hijos, y acércalos a ti. Te pido que estés con ellos cuando lleguen a las grandes encrucijadas entre el bien y el mal. Sólo puedo darles lo mejor de mí, y eso es lo que he hecho. Por lo tanto, te entrego a mis hijos y a mí mismo, y al trabajo que hice como padre. El resultado, ahora, te pertenece a ti.

Sé que Dios honrará esa plegaria, aun en el caso de los padres cuya tarea de crianza haya concluido. El Señor no quiere que usted se cargue de culpa respecto a sucesos que ya no puede modificar. El pasado es pasado. Deje que muera y no resurja más. Entregue la situación a Dios, y deje que él se haga cargo. ¡Estoy seguro de que se sorprenderá de no estar más solo!

5. *Mi esposa y yo estamos terriblemente ocupados en esta etapa de nuestra vida. Mi tarea requiere que viaje varios días a la semana, y mi esposa ha alcanzado mucho éxito como agente inmobiliaria. Sinceramente, no podemos pasar mucho tiempo con nuestros tres hijos, pero les damos una atención total cuando estamos juntos. Mi esposa y yo desearíamos tener más vida de hogar, pero nos consuela saber que no es la* **cantidad** *de tiempo entre padres e hijos lo que realmente importa, sino la* **calidad**. *¿Está usted de acuerdo con esto?*

Voy a responder a su pregunta con un rodeo, que al principio quizás le parezca totalmente fuera de propósito. Dado que me gano parte del sustento usando el idioma, a menudo me descubro examinando la validez de los refranes folklóricos o los clichés que hemos llegado a aceptar sin ninguna crítica dentro de nuestra cultura. Mientras discutíamos las ramificaciones legales de la pornografía con un amigo, por ejemplo, tranquilamente expresó la conocida frase: «No se puede legislar la moral». Yo hice un gesto de asentimiento, pero más tarde me pregunté: «¿Por qué no?»

Es inmoral matar, violar, calumniar, defraudar, robar, y nos hemos dado maña para legislar acerca de estos comportamientos, ¿verdad? ¿Acaso no está toda la ley sobre el crimen basada en la prohibición de ciertos actos inherentemente malos? Por cierto, sería un desastre si los responsables de dictar leyes realmente creyeran que «no se puede legislar la moral».

Volviendo a la pregunta de la cantidad versus la calidad en las relaciones entre padres e hijos, hay otro cliché ampliamente difundido que tampoco tiene sustento. Sin faltar el respeto al padre que planteó la pregunta, lo cierto es que esta frase es la bandera de los padres demasiado ocupados y acelerados que se sienten culpables por el poco tiempo que pasan con sus hijos. Depositan a sus niños y niñas en guarderías infantiles durante el día, y los dejan con niñeras de noche, con lo que queda muy poco tiempo para las actividades tradicionales de crianza por parte de los padres. Para hacer frente a la incomodidad que les produce el abandono de sus hijos, papá y mamá se aferran a un *slogan* que les parece sensato y apropiado: «Bueno, ya sabemos que no es la *cantidad* de tiempo lo que importa, sino la *calidad* de nuestra relación lo que interesa».

Hay algo de verdad en las nociones populares, y esta frase no es una excepción. Todos estamos de acuerdo que no es de ningún valor pasar los siete días de la semana con nuestros hijos si nos mostramos airados, represores, sin afecto, caprichosos. Pero de ahí en más, la cuestión de calidad versus calidad se torna incoherente. Dicho claramente, *no toleraríamos esa dicotomía en ninguna otra área de nuestra vida. ¿Por qué la aplicamos sólo a los hijos?* Veamos un ejemplo.

Supongamos que usted tiene mucha hambre, y no ha comido nada en todo el día. Elige el mejor restaurante de la ciudad y pide al mozo el más exquisito plato del menú. El le responde que el *filete mignon* es el especial de la casa, y usted lo ordena cocinado a las brasas, jugoso. El mozo regresa veinte minutos más tarde y pone el pedido delante suyo. En el centro de un enorme plato hay un trozo solitario de carne, de un centímetro cuadrado, junto a un trocito de papa.

Usted se queja a viva voz: «¿A esto le llama un plato de carne?»

«¿Cómo puede criticarnos antes de probarlo, señor?», responde. Le he traído un centímetro cuadrado de la mejor carne que se pueda comprar. Está cocinada a la perfección, salada con cuidado y se la he servido caliente. Dudo que pueda conseguir mejor trozo de carne en toda la ciudad. Admito que es una porción pequeña, pero después de todo, señor, todos sabemos que no es la cantidad lo que importa sino la calidad de la carne.

«¡Qué absurdo!», contesta usted y yo lo apoyo. Como ve, la sutileza de esta frase es que opone dos virtudes necesarias y nos invita a elegir una de ellas. Si la cantidad y la calidad son ingredientes valiosos de las relaciones familiares, ¿por qué no vamos a dar *ambos* a nuestros hijos? No basta con alcanzar a nuestros «hambrientos» hijos un mordisco de carne de tanto en tanto, aunque sea de primerísima calidad.

¡Mi preocupación es que el cliché de la calidad versus la cantidad se ha vuelto, quizás, una manera de racionalizar el hecho de que no les damos *ninguna de las dos*!

6. *Quiero hacerle una pregunta muy personal. Sus libros tratan con aspectos prácticos de la vida cotidiana. Ofrecen soluciones y sugerencias para manejar las frustraciones y problemas típicos de la crianza y del matrimonio. Pero me pregunto sobre **su** propia familia. ¿Su familia nunca tiene problemas? ¿Se siente alguna vez fracasado como padre? Y si es así, ¿cómo enfrenta la duda y el reproche de sí mismo?*

Muchas veces me han planteado esta pregunta, aunque la respuesta no tendría porqué sorprender a nadie. Shirley y yo vivimos las mismas frustraciones y presiones que todas las demás personas. Nuestro comportamiento no es siempre ejemplar, ni lo es el de nuestros hijos. Y nuestro hogar puede volverse muy turbulento en ocasiones.

Quizás puedo ejemplificar mi respuesta describiendo el día al que ahora nos referimos como «el domingo negro». Por alguna razón, el día de reposo puede ser el día más frustrante de la semana para nosotros, especialmente por la mañana. He descubierto que otros padres también viven tensiones en el horario de «prepararnos para ir a la iglesia». Pero el «domingo negro» fue particularmente caótico. Empezamos el día levantándonos tarde, lo cual significaba que todos debían apurarse para llegar a tiempo a la iglesia. Eso produjo presión emocional, especialmente sobre Shirley y yo. Luego fue la leche volcada, y la pomada de zapatos en la alfombra. Y por supuesto, como Ryan se había vestido más rápidamente, tuvo tiempo de escabullirse al jardín y ensuciarse de pies a cabeza. Hubo que desvestirlo completamente y empezar todo el procedimiento otra vez, con ropa limpia. En lugar de ir respondiendo a estas situaciones irritantes a medida que se presentaban, empezamos a criticarnos unos a otros y a agredirnos mutuamente. Propinamos al menos una paliza, que yo recuerde, y prometimos otras tres o cuatro más. Sí, fue un día memorable (u olvidable). Finalmente, cuatro personas acosadas lograron llegar al templo, preparados para recibir grandes bendiciones espirituales, no le quepa la menor duda. Pero no habría pastor en el mundo que hubiera podido inspirarnos esa mañana.

Me sentí culpable por el resto del día por el tono estridente que habíamos manejado en nuestro hogar aquel domingo fatídico. Es cierto que los niños compartían la responsabilidad, pero ellos sólo reaccionaban a nuestra desorganización. Shirley y yo nos habíamos dormido, y allí es donde se había iniciado el conflicto.

Después del culto vespertino, reuní a la familia alrededor de la mesa de la cocina. Empecé describiendo el día que habíamos tenido, y le pedí a cada miembro de la familia que perdonara mi contribución al problema. Luego dije que pensaba que debíamos dar a uno la oportunidad de expresar lo que sentía.

Dimos a Ryan el primer turno, y se enfrentó a su madre. «¡Estuviste de muy mal humor hoy, mamá!», dijo conmovido. «Me reprochaste todo lo que hice a lo largo del día».

Shirley entonces explicó porqué se había sentido mal con su hijo, esforzándose por no ponerse a la defensiva.

Luego Danae volcó sus hostilidades y frustraciones. Finalmente, Shirley y yo tuvimos la oportunidad de explicarles las tensiones que habían motivado nuestra excesiva reacción.

Fue un valioso tiempo de sinceridad y honestidad que nos acercó nuevamente. Luego oramos como familia y pedimos al Señor que nos ayudara a vivir y a trabajar juntos en amor y armonía.

Lo que quiero señalar es que *todas* las familias tienen momentos en los que violan las reglas —y hasta se apartan de los principios cristianos por los que habían ordenado su vida. La fatiga por sí misma puede dañar los altos ideales que los padres han aprendido por medio de seminarios, libros y sermones. La pregunta importante es, ¿cómo restablecen madres y padres la amistad en el seno de sus familias una vez que la tormenta ha pasado? La conversación franca y sin amenazas ofrece una salida a esas situaciones.

Volviendo a la pregunta, es preciso reconocer que ningún psicólogo podría prevenir las tensiones emocionales de su propia familia, del mismo modo que un médico no podría impedir totalmente las enfermedades en *su* propia familia. Sin embargo, los principios bíblicos ofrecen el enfoque más sano para la vida familiar, inclusive nos permiten sacar provecho de los conflictos. (Alguna vez les contaré del Lunes Negro.)

7. *Usted ha mencionado que ocurrieron siete decesos dentro de su familia en el lapso de dieciocho meses. Nosotros también hemos tenido varias pérdidas trágicas en nuestra familia en los últimos años. Mi esposa murió cuando los niños tenían cinco, ocho, y nueve años. Me fue muy difícil explicarles la muerte en ese momento. ¿Podría ofrecerme algunas pautas respecto a cómo puede un padre ayudar a sus hijos a manejar la cruenta realidad de la muerte, especialmente cuando golpea en el seno mismo de la familia?*

Hace algunos años, asistí a un funeral en el cementerio de Inglewood, en California. Mientras estaba allí, levanté una esquela redactada por el presidente de la sala mortuoria, John M. McKinley. El Sr. McKinley llevaba quince años en el área de los servicios fúnebres cuando escribió ese valioso folleto titulado «Si le sucede a su hijo». Solicité permiso para transcribir su contenido en respuesta a su pregunta.

Conocí a los padres de Tomasito porque vivían en nuestro vecindario y asistíamos a la misma iglesia. Pero conocía especialmente a Tomasito porque era uno de los más alegres y agradables niños de cinco años que jamás había conocido. Fue un impacto tremendo cuando su madre llegó a solicitar mis servicios porque había fallecido su esposo.

De la misma forma que un médico debe aprender a protegerse del sufrimiento de sus pacientes, un gerente fúnebre debe protegerse del duelo. En el curso de un año típico, tengo contacto con varios miles de hombres y mujeres que han vivido pérdidas irreparables, y si no tomara distancia de sus emociones, mi trabajo sería imposible. Pero no he logrado distanciarme en el caso del sufrimiento de los niños.

«No sé que haría si no tuviera a Tomasito», dijo su mamá cuando llegué a su casa respondiendo a su llamada. «Se ha portado como un hombrecito, no ha llorado y está haciendo todo lo que puede por ocupar el lugar de su papá».

Y era cierto. Tomasito estaba de pie como él imaginaba que debía hacerlo un hombre, sin llorar, y haciendo todo lo que podía por reemplazar a su papá.

Yo sabía que no era bueno que lo hiciera. Sabía que debía explicárselo a su mamá: que Tomasito no era un hombre; que necesitaba llorar; que probablemente necesitaba más consuelo que ella misma. Pero no soy un psicólogo, y no dije nada.

Observé a Tomasito en los dos años subsiguientes. La alegría no ha vuelto a su rostro, y a pesar de que soy un lego, puedo advertir que es un niño emocionalmente enfermo. Estoy seguro de que su mal comenzó cuando su madre, sin darse cuenta, hizo que le fuera difícil —imposible— expresar su dolor y lo puso en una situación que no podía cumplir, la de «ocupar el lugar de papá».

No he visto muchos casos tan evidentes como el de este niño, pero he visto tantas situaciones a las que no he podido responder, y me han preguntado tantas veces: «¿Qué debo decirle a María?» o a Pablo, o a Jaime, que finalmente he decidido hacer algo al respecto. Consulté a los especialistas, aquellos que saben cómo debe tratarse a los niños en momentos de tamaña tragedia, y les pedí que expresaran algunas pautas que los padres pudieran comprender y practicar.

Hablé con varios psicólogos, psiquiatras y pediatras, pero especialmente con el Dr. A.I. Duvall, un psiquiatra, y con el Dr. James Gardner, un psicólogo de niños. Traducido al lenguaje común, he aquí la esencia de lo que pude aprender:

—Cuando un niño, al igual que cualquier otro ser humano, sufre una pérdida profundamente dolorosa, no sólo debe permitírsele llorar; se le debe estimular para que llore hasta que no quede necesidad de seguir llorando. Se le debe consolar cuando llora, pero las palabras «no llores» deben ser totalmente eliminadas del vocabulario.

—La necesidad de llorar puede ser recurrente a lo largo de varios días, o en períodos espaciados, durante varios meses; pero cuando aparece la necesidad, no debe hacerse ningún esfuerzo por contener las lágrimas. En lugar de ello, se le debe enfatizar que es bueno llorar, que no es «cosa de bebés» ni de «nenitas» o algo de lo cual deba avergonzarse.

—A veces, el niño necesita estar solo con su dolor, y si esta necesidad aparece, debe ser respetada. Pero si no busca estar solo, el consuelo y la ternura son casi tan sanadoras como las lágrimas.

—Es importante decirle la verdad al niño: no se vuelve de la muerte. «Mamá se ha ido de vacaciones», o «Papá se ha ido de viaje», sólo agregan confusión y dilatan lo inevitable. Los niños —especialmente los más pequeños— tienen una percepción imperfecta del tiempo. Si «mamá se va de vacaciones», esperan que regrese esta tarde o mañana. Y cuando llega mañana y pasado mañana y mamá no aparece, no sólo volverán a sentir interminablemente el sufrimiento, sino que perderán la confianza en el padre vivo justo cuando la confianza y la fidelidad son más necesarias. Es duro decir «nunca» cuando sabe que eso lo hará llorar amargamente, pero es la expresión más cariñosa a largo plazo.

—No es necesario explicarle la muerte a un niño peque-ño. Puede inclusive ser demasiado doloroso intentarlo. Para un niño de cinco años, «muerte» significa ausencia, y otras explicaciones sólo podrían confundirlo. Si ha visto antes un pájaro o una mascota muertos, puede ser de ayuda hacer una comparación; pero el hecho importante que el niño debe aceptar es la ausencia. Si se lo puede ayudar a aceptar el hecho de que el padre, la madre, el hermano o la hermana se han ido y no van a regresar, gradualmente, por medio de preguntas y observaciones, irá construyendo su propia imagen de la «muerte» y su significado.

—Es inapropiado evitar al niño el contacto con la expresión física de la muerte. Si el padre muere, debe permitirse al niño que vea el cuerpo, para que pueda observar por sí mismo los cambios, la inmovilidad, la diferencia entre la energía vital que caracterizaba a su «papá» y este cuerpo inmóvil que no es «papá» en absoluto. Es de ayuda que vea por sus propios ojos.

—Sí se debe proteger al niño de las demostraciones masivas de duelo, lo mismo que de los grupos grandes de deudos en los funerales. Es mejor llevar en privado al niño a despedirse antes del funeral.

—Si el niño es muy pequeño —digamos dos a seis años—, se debe evitar explicarle la muerte en términos que pueden ser significativos para los adultos pero que podrían confundir mucho a un niño. Decirle, por ejemplo, que «mamita se ha ido al cielo», puede significar mucho a un padre creyente, pero deja al niño perplejo ante el hecho de que su mamá lo ha abandonado. Para él, «cielo» es un lugar muy lejano, y no podrá entender por qué mamá se queda allí en lugar de regresar a casa para cuidar de él.

—Junto con las lágrimas, un niño seguramente sentirá profundo resentimiento, y hasta ira hacia el padre muerto, o el hermano que se ha «ido». Este sentimiento nace de la convicción del niño de que ha sido abandonado. Si se presenta esta emoción en el niño, debe permitírsele que lo exprese libremente, lo mismo que las lágrimas.

—Aun más frecuente, y algo que perturba mucho al niño, son los sentimientos de culpa frente a la muerte. Si ha estado enojado con su hermana, y ella muere, es probable que piense que es su culpa, y que es su enojo el que la ha matado. O si muere su madre, y no se le explica sencilla y honestamente lo que ha sucedido, es probable que crea que es su mala conducta la que la ha motivado a marcharse. Los sentimientos de culpa en niños pequeños, reforzados por la muerte del ser querido, pueden llevar a conductas neuróticas que perduran toda la vida.

Pero si a un niño se le estimula a llorar todo lo que necesite; si se lo consuela debidamente; si se le dice sencillamente la verdad; si se le permite ver por sí mismo la diferencia entre la muerte y la vida; si se maneja su resentimiento y su culpabilidad con la misma franqueza que sus lágrimas, aunque su sentimiento de pérdida sea enorme, podrá superarlo.

Todo esto tiene un lado positivo. Si se trata a la muerte como una parte natural de la experiencia humana, es más fácil que el ser amado viva en el recuerdo de los suyos. Cuando el impacto inicial del dolor ha sido superado, es natural recordar y repetir las historias que evocan recuerdos vívidos de la personalidad y de los hábitos que hacían de la persona amada una persona especial. Los niños disfrutan mucho de esto, porque en su rico mundo imaginativo pueden hacer vivir a la persona ausente. Esos recuerdos no renuevan ni aumentan su sufrimiento. En la medida en que se sienten libres para recordar, superan el sufrimiento.

El consejo del Sr. McKinley es excelente, hasta donde toca. Pero no ha incluido ninguna referencia al mensaje cristiano, que es el que provee la *única* respuesta satisfactoria a la muerte. Obviamente, no puedo coincidir con las reservas de McKinley respecto al cielo. Podemos decir: «Tu madre se ha marchado, por ahora, ¡pero gracias a Dios podremos reencontrarnos del otro lado!» ¡Qué consuelo ofrece a un niño que sufre saber que algún día la familia podrá reunirse y que nunca más volverán a separarse!

8. *Una nota del autor: Uno de los grandes privilegios de mi vida ha sido recibir correspondencia de personas que han leído mis libros o escuchado mis grabaciones. Recibimos cerca de 200.000 cartas por mes, que constituyen una fuente de constante inspiración y estímulo para mí. (Las leo mientras hago ejercicio en una bicicleta fija todas las mañanas.) De estas cartas, las que más disfruto son las que me envían niños y adolescentes. Transcribo a continuación tres cartas de distintos niños, porque contienen un mensaje realmente especial. Las dos últimas son típicas de muchas otras en que los niños expresan su frustración por las agendas sobrecargadas de sus padres.*

Querido señor:

En su última Carta Circular me pidió que ayude a sostener su proyecto de televisión. Le escribo para hacerle saber porqué no lo voy a hacer. En primer lugar, no tenemos televisor. En segundo lugar, enviamos nuestras ofrendas a misioneros. Tercero, sólo tengo once años y no tengo dinero.

Ahora quiero volver a la primera razón, porque es la más importante. En Salmo 103.1 dice: «No pondré delante de mis ojos cosa injusta...» Nunca hemos tenido televisor. Mis padres nunca lo han comprado. Pero por lo que leo y escucho decir a otros, entiendo que en la televisión se muestran personas con muy poca ropa. También personas que roban, matan, mienten, engañan y perjuran. Mis padres me han enseñado, y la Biblia lo dice, que esas cosas son malvadas.

Quizás usted no lo entienda así, pero yo sí. Creo que no me estoy perdiendo nada por no tener televisor, porque viajamos mucho y leemos muchos libros.

Sinceramente,
Tanya.

Querida Tanya:

¡Tu carta tiene mucho sentido para mí! Tus padres están absolutamente acertados al decir que la televisión es una fuerza maléfica en nuestra sociedad, y los respeto por la valentía de no comprar un aparato.

Pero te respeto a *ti* mucho más. Apenas tiene once años, y ya sabes en qué crees y estás comprometida con la vida cristiana. Desearía que muchos adultos tuvieran la fe que mostrabas en tu carta.

Dios tiene un propósito para tu vida, Tanya. Será hermoso ver cómo va desplegando ese plan. Dios te ama profundamente, y yo también.

James Dobson

Querido Dr. Dobson:

Después de leer *Preparing for Adolescence* tengo la sensación de haberlo conocido toda mi vida. En ese libro usted respondió todas mis preguntas.

Quisiera contarle algo de mi propia experiencia. Cuando tenía sólo siete años, nos mudamos porque papá sentía que Dios lo llamaba al pastorado.

Siempre había estado cerca de mis padres. Luego nos mudamos, y todo cambió. Mi mamá trabajaba más que antes. A veces pasaba toda una semana sin que la viera. No exagero. Ella llegaba a casa malhumorada, y luego todos nos íbamos a la cama malhumorados.

Mi papá asistía al seminario, de modo que él, mi hermana menor y yo, teníamos el mismo horario. Pero papá se la pasaba estudiando todo el tiempo que estaba despierto. Agradezco a Dios que haya cuidado de mi vida y la de mi hermana durante esos tiernos años.

Cuando yo tenía nueve años, mi padre fue invitado a pastorear una iglesia. Ahora, tres años más tarde, todavía tengo un vacío de comunicación con mis padres. Pero no con mi Padre celestial.

El primer año que nos mudamos, empecé a sufrir mucho dolor en las piernas. Luego no pude caminar. Tengo artritis reumatoidea juvenil. Después de dos meses de no poder caminar, pude hacerlo nuevamente, sólo gracias a la terapia y a las oraciones.

Comienzo el séptimo grado en septiembre. Todavía sufro de artritis, pero estoy «Aprendiendo a apoyarme».

Por favor ore por mí, Dr. Dobson, porque estoy entrando a la adolescencia y luchando con la artritis. Todavía tengo problemas para caminar.

Suya en Cristo,
Charlotte.

Querida Charlotte:

Me complace enormemente responder tu carta. Recibo miles de cartas por año de parte de padres y maestros que han leído mis libros, pero son pocos los jóvenes como tú que se toman tiempo para escribirme. Aprecio tus comentarios sobre el libro *Preparing for Adolescence*, y me alegro de que lo hayas encontrado útil.

Evidentemente eres una niña *muy* valiente, y admiro la forma en que has enfrentado circunstancias difíciles. Mantente firme y fiel a las leyes de Dios, Charlotte, no importa qué haga el resto del mundo. El te orientará y te guiará en los importantes tiempos que se acercan para ti.

Gracias una vez más por tomarte el tiempo de escribirme y compartir tus reflexiones. Sé que Dios te bendecirá y que crecerás en su amor.

Sinceramente,
James Dobson

Querido Dr. Dobson:

Tengo una mamá y un papá que salen a trabajar, y quiero saber qué podemos hacer los niños al respecto.

Brian

Dejaré a los padres que respondan la pregunta de Brian. Son ellos, en última instancia, los únicos que *pueden* ofrecer una respuesta satisfactoria a esa interrogante.

El hombre y
su esposa

10

El hombre y
su esposa

Volveremos ahora nuestra atención a la relación entre
esposos y esposas, lo cual me recuerda una llamada
telefónica que recibí recientemente de un hombre que había
leído un libro anterior a éste, *The Strong-Willed Child*. Dijo que
ese libro no había respondido sus interrogantes. Lo que es
más, decía haber leído un libro previo, *What Wives Wish Their
Husbands Knew About Women*, y tampoco había satisfecho sus
necesidades.

«Lo que quiero que escriba», continuó, «es una combinación de esos dos libros, sobre el tema "Cómo vivir con una
mujer de carácter fuerte"».*

Le dije que no me atrevería a tocar ese tema ni con una
pala, pero sin embargo aquí me encuentro a punto de tratar
un tema igualmente explosivo. Quiero analizar las características femeninas de las que más se quejan los hombres, y

---

* El título del primer libro se traduce «El niño de temperamento fuerte», y
el segundo: «Lo que las esposas desean que sus esposos sepan acerca de
las mujeres».

viceversa. Lo cierto es que me propongo tratar este tema más abiertamente en el presente capítulo de lo que jamás lo he tratado en nada que haya escrito. Eso bastará para ganarme algunos enemigos de ambos sexos, pero ha llegado el momento de hablar de frente tanto a los esposos como a las esposas.

Quizás sepa que la tasa de divorcios en los Estados Unidos de Norteamérica es la más alta. Es algo trágico. Lo que más me aflige es saber que la tasa de divorcios entre *cristianos* es apenas un poco menor que el promedio. ¿Cómo es posible? Jesús enseñó a sus seguidores a ser afectuosos, generosos, rectos, responsables, autodisciplinados, honestos, respetuosos. También prohibió de manera explícita el divorcio, excepto por la circunstancia más radical de la infidelidad. Con esas instrucciones, proveyó un fundamento inamovible para asentar una relación amorosa entre esposo y esposa. ¿Cómo es posible, entonces, que aquellos que declaran haber aceptado las enseñanzas de Jesús y haber consagrado sus vidas a los principios cristianos, superen escasamente en mantener la armonía de sus hogares a los que no profesan creencia alguna? Hay una contradicción enorme envuelta en esas palabras. Como dijo Howard Hendricks: «Si su cristianismo no funciona en el hogar, no funciona. ¡No lo exporte!»

Lo cierto es que las *mismas* circunstancias que destruyen a los matrimonios no cristianos pueden ser fatales en los matrimonios creyentes. No me estoy refiriendo al alcoholismo ni a la infidelidad ni a la compulsión por el juego. El factor más frecuente de la muerte de los matrimonios es mucho más sutil e insidioso. Permítame explicarme.

Supongamos que tengo una cita de consultoría a las cuatro de la tarde mañana con una persona con la que nunca me he encontrado. ¿Quién es esa persona y cuál será el planteamiento que él o ella me van a traer? En primer lugar, la persona probablemente sea la esposa de Sánchez, y no Sánchez mismo. Rara vez es el hombre el primero en buscar consejería para el matrimonio, y cuando lo hace es por motivos diferentes a los que mueven a su esposa. Ella viene porque su matrimonio la está volviendo loca. El viene porque su *esposa* lo está volviendo loco.

La Sra. de Sánchez probablemente tenga entre veintiocho y cuarenta y dos años, y su problema me será *extremadamente* familiar. Aunque los detalles varían, la frustración que la mujer comunica esa tarde se adecua a un patrón perfectamente previsible. Será algo más o menos así:

> Juan y yo estábamos profundamente enamorados cuando nos casamos. Luchamos para salir adelante los dos o tres primeros años, especialmente con los problemas financieros; pero yo sabía que él me amaba y él sabía que yo lo amaba. Pero luego, algo empezó a cambiar. No sé bien cómo describirlo. El recibió una promoción laboral hace unos cinco años, y eso lo llevó a trabajar más horas. Necesitábamos el dinero, de modo que no nos afligimos por el tiempo extra que le requería. Pero esa situación nunca cambió. Ahora viene tarde todas las noches. Está tan cansado que puedo literalmente escuchar cómo arrastra sus pies al llegar a la puerta. Siempre estoy esperándolo con ansias porque tengo mucho para contarle, pero él no parece muy interesado en escuchar. De modo que le preparo la cena y come solo. (Generalmente ceno más temprano con los niños.) Después de cenar, Juan hace algunas llamadas telefónicas y trabaja en su escritorio. Le diré con franqueza que me encanta que use el teléfono para poder escuchar su voz. Luego mira televisión por unas horas, y se va a dormir. Los martes juega al baloncesto y a veces tiene una reunión en la oficina. Los sábados por la mañana juega al golf con tres amigos. Finalmente el domingo pasamos la mayor parte del día en la iglesia. Créame, a veces pasa un mes o dos sin que tengamos una conversación realmente profunda. ¿Sabe lo que quiero decir? Me siento tan sola ahí en la casa, con los tres chicos subiéndose encima de mí todo el día. Ni siquiera hay mujeres en el vecindario con quienes conversar, porque la mayoría ha vuelto a trabajar. Pero hay algunas otras cosas que me irritan acerca de Juan. Rara vez me invita a comer afuera, y se olvidó de nuestro aniversario el mes pasado; honestamente, no creo que tenga ningún pensamiento romántico. No distinguiría una rosa de un clavel, y las tarjetas de Navidad las firma solamente «Juan». No hay intimidad ni calidez

entre nosotros, aunque sí quiere tener sexo al final de cada día. Ahí estamos, en la cama, sin haber tenido comunicación alguna durante semanas. No ha intentado ser dulce ni comprensivo ni tierno, pero pretende que yo responda con pasión a su acercamiento. Francamente, no puedo. Por supuesto que cumplo con mis deberes de esposa, pero no obtengo ninguna satisfacción de ello. Y después de un éxtasis de unos dos minutos, Juan se duerme y yo quedó allí resentida con él, sintiéndome una prostituta barata. ¿Puede creerlo? ¡Me siento *usada* por el hecho de tener relaciones sexuales con mi propio esposo! ¡Eso sí que me deprime! El hecho es que he estado terriblemente deprimida últimamente. Mi autoestima está por el piso. Siento que nadie me quiere... soy una madre regañona y una mala esposa. A veces pienso que ni siquiera Dios podría amarme. Bueno, debería ser sincera respecto a lo que ha venido sucediendo últimamente entre Juan y yo. Hemos estado discutiendo mucho. *Realmente* peleando. Es la única forma de obtener su atención, supongo. Tuvimos una increíble pelea la semana pasada delante de los niños. Fue horrible. Hubo llanto. Gritos. Insultos. De todo. Pasé dos noches en casa de mi madre. En lo único en que pienso es en obtener el divorcio, para escaparme. Juan no me ama, de modo que no haría ninguna diferencia. Supongo que es por eso que he venido a verlo. Quiero saber si será correcto romper con todo.

La Sra. de Sánchez habla como si ella fuera la única mujer en el mundo que ha pasado por esta situación. Pero no está sola. Estimo que el 90 porciento de los divorcios que ocurren cada año involucran al menos algunos de los elementos que he descrito: un esposo demasiado ocupado que está enamorado de su trabajo y que se torna un tanto insensible, poco romántico, poco comunicativo, que está casado con una mujer solitaria, vulnerable, romántica, que tiene severas dudas de su valía personal. Forman un equipo: él trabaja como burro y ella reniega.

En la esperanza de que los maridos tomen conciencia de la queja generalizada de sus esposas, permítame ilustrar el asunto, sólo por esta vez, con personas reales en lugar de situaciones hipotéticas. Transcribo a continuación una carta real (con las modificaciones necesarias para proteger la identidad del autor) que representa miles de cartas similares que he recibido.

Querido Dr. Dobson:

He leído su libro *What Wives Wish Their Husbands Knew About Women*. Dio justo en el clavo respecto a mi situación. Especialmente por lo que toca a la baja autoestima. En un mundo en que tantas mujeres trabajan, a veces parece difícil sentir que uno vale algo si no tiene un trabajo. Quiero decir, hay personas que miran despectivamente a las madres como yo que dedican todo su tiempo a sus hijos y a su familia. Sé que Cristo no lo considera así, y eso es lo que cuenta.

Desafortunadamente, no logré que mi esposo leyera su libro, y esto me trae al problema que quiero plantear. Es realmente difícil comunicarme con mi esposo, cuando para lograr su atención tengo que competir con la televisión, los niños, y el trabajo. Durante las comidas, cuando podríamos conversar, tiene que escuchar el informativo. No comparte la cena con nosotros porque trabaja durante el turno tarde, hasta las once de la noche. Me gustaría muchísimo que escuchara su grabación *Focus on the Family*, pero no logro que lo haga.

No me permite seguir yendo al estudio bíblico al que fui por un año, porque dice que los niños podrían contagiarse enfermedades de los otros niños. Por supuesto, yo sé que ésa no es la verdadera razón. Tengo un hijo de dos años y medio y un bebé de tres meses, y siento que necesito contacto con otros adultos. Bueno, supongo que tendré que seguir orando al respecto.

Por favor continúe emitiendo sus excelentes programas. Sería lindo que dedicara otro programa a las relaciones entre esposos y esposas, específicamente sobre la comunicación. Gracias por escucharme.

Otra mujer me alcanzó la siguiente nota después de escucharme en una conferencia. Dice en pocas palabras lo que otras expresan con muchas más.

Por favor le pido que hable sobre lo siguiente. Papá llega a casa, lee el diario, come su cena, habla por teléfono, mira televisión, se ducha y se va a dormir. Esta es la *rutina diaria*. Nunca cambia. Los domingos vamos a la iglesia, luego volvemos a casa. Tomamos una siesta y ya comienza otra vez la rutina del lunes por la mañana. Nuestra hija tiene nueve años, y no hay comunicación entre nosotros, la vida pasa veloz sin otra novedad que esta tediosa rutina.

Puedo escuchar a los lectores masculinos que dicen: «¿Si las mujeres quieren una vida más tranquila, menos materialista, y actividades más románticas con sus esposos, ¿por qué no se lo dicen, simplemente?»

Sí se lo dicen. Pero por alguna razón, a los hombres les cuesta mucho «escuchar» este mensaje.

Recuerdo una noche en que mi padre estaba predicando en una campaña en carpa, a la que asistían más perros y gatos que personas. Durante ese sermón, un enorme gato decidió tomarse una siesta en la plataforma. Como no podía ser de otra manera, mi padre dio un paso atrás y plantó el taco con todas sus fuerza en la cola del gatico. El felino se volvió literalmente loco, arañando y clavando las garras para tratar de liberarse del enorme pisotón de mi padre. Pero papá estaba concentrado en lo que estaba predicando, y no tomó nota de la tragedia. A sus pies había un animalito frenético, cavando la alfombra e implorando misericordia, pero el taco ni se movía. Más tarde papá dijo que creía que los chirridos eran frenadas de vehículos en la esquina. Cuando mi padre finalmente dio un paso y liberó la cola del gato, el pobrecito salió disparado como un satélite de Saturno.

Esta historia es una pintura de los matrimonios del siglo XX. La esposa grita y larga puñetazos al aire y se estremece de dolor, pero el esposo ni se da cuenta de su sufrimiento. Está preocupado con sus propios asuntos, y no advierte que un solo paso a la derecha o a la izquierda sería suficiente para aliviar la crisis. Nunca deja de sorprenderme cuán sordo puede ser un hombre en esas circunstancias.

Conozco un ginecólogo que no sólo es sordo sino también ciego. Telefoneó a un amigo mío que también es médico en el campo de la obstetricia y la ginecología, y le pidió un favor.

«Mi esposa ha estado teniendo algunos dolores abdominales y esta tarde se ha sentido muy molesta», le dijo. «No quiero atender a mi propia esposa y quería preguntarte si querrías verla».

Mi amigo le dijo que trajera a su esposa para que la examinara, tras lo cual descubrió (¿se imagina?) ¡que estaba embarazada de cinco meses! Su esposo obstetra estaba tan ocupado atendiendo a otras pacientes que ni siquiera había notado el embarazo de su esposa. ¡Admito que me pregunté cómo logró esta mujer suficiente atención de su esposo como para quedar embarazada!

Hay otro aspecto de la relación masculino-femenina que también debe ser tenida en cuenta por el hombre que desea comprender a su esposa. Mi reconocimiento al Dr. Dennis Guernsey por dirigir mi atención hacia las investigaciones de Rollins y Cannon*, y otros, que ponen de manifiesto las pautas contrastantes de «satisfacción personal» entre esposos y esposas. La satisfacción que una mujer siente hacia su

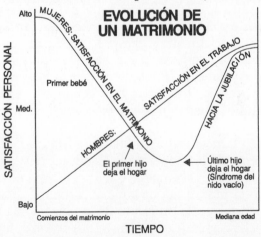

* Boyd C. Rollins y Kenneth L. Cannon, *Journal of Marriage and the Family*, mayo 1974, p. 271.

hogar (que es el principal trabajo de un ama de casa), nunca es mayor que al momento de casarse. Pero con el tiempo su actitud empieza a declinar. Es típico el deterioro que ocurre con el nacimiento del primer bebé, y luego continúa decayendo a lo largo de los años de crianza de los hijos. Alcanza el punto más bajo cuando se llega al síndrome del nido vacío, es decir, cuando los hijos abandonan el hogar. Su satisfacción muestra una recuperación considerable después de eso, y se mantiene relativamente estable durante los años de jubilación.

La satisfacción del esposo con el trabajo sigue un patrón opuesto. El punto más bajo se presenta durante los primeros años de matrimonio, cuando acepta trabajos mal pagados, cargos sin jerarquía. Pero a medida que va ascendiendo en la escala laboral, obtiene mayores satisfacciones emocionales en su trabajo (y más dinero). Esta creciente satisfacción laboral puede mantenerse durante veinte o más años, a la vez que su trabajo consume más y más de su tiempo y energía.

La tabla que aparece en esta página ilustra los contrastes entre la satisfacción laboral de hombres y mujeres. Obviamente, el punto más crítico se da hacia el final de la década de los treinta y los cuarenta, cuando la esposa alcanza el punto más alto de insatisfacción con su papel, y el esposo está más atrapado con el suyo. La combinación se presta para los conflictos, especialmente si el esposo no siente responsabilidad alguna por ayudar a su esposa a satisfacer sus propias necesidades y anhelos. (Por favor recuerde que esos estudios meramente reflejan *tendencias* y probabilidades estadísticas. Los individuos pueden mostrar reacciones totalmente diferentes.)

Cuando falta el respaldo fuerte y afectuoso del esposo, ¿cómo enfrentan las mujeres las circunstancias que he descrito? Todo lo que sabemos es que la conducta no ocurre en el vacío; está motivada por hondas corrientes emocionales que transcurren en lo profundo de la personalidad. He observado ocho cursos de reacción que puede tomar una esposa deprimida y frustrada. No son excluyentes; en otras palabras, puede darse más de un enfoque simultáneamente, o uno puede conducir a otros. Las ocho modalidades son las siguientes:

1. La mujer se aleja del hogar y la familia, y reinvierte su energía emocional en un trabajo fuera de la casa. El fenómeno de «retorno al mundo laboral» propio de las mujeres de occidente, es en parte producto del mecanismo dirigido a enfrentar este problema (sumado a las presiones que ocasiona la inflación).

2. Puede mostrar mucho enojo hacia los hombres y hacia la sociedad por los insultos y la falta de respeto que percibe. Esta fuente de hostilidad contribuyó a movilizar el ahora abatido movimiento de liberación femenina, y le dio su carácter peculiarmente agresivo. Afortunadamente, tanto hombres como mujeres reconocieron rápidamente que *esa* no era la respuesta adecuada.

3. Puede quedarse en el hogar sumida en la depresión o la desesperación. La depresión es «ira volcada hacia dentro», y generalmente se asocia a una baja autoestima. Esta mujer se vuelve la clásica quejosa.

4. Puede intentar satisfacer sus acuciantes necesidades involucrándose en un romance extra matrimonial. Este desastroso canal generalmente concluye en un callejón sin salida, que la deja más deprimida y solitaria que antes. Analizaremos las implicaciones de esta opción más detalladamente en el capítulo 13.

5. Puede volcarse al alcohol y las drogas como un paliativo temporario. Muchas amas de casa caen en esta alternativa, como lo pone en evidencia el creciente índice de alcoholismo entre las mujeres.

6. Puede cometer suicidio (o un intento suicida como una manera de pedir ayuda).

7. Puede renegar de sus responsabilidades maternales, ya sea renunciando a tener hijos o no satisfaciendo las necesidades de sus hijos en el hogar. O puede huir y dejar que papá se haga cargo.

8. La mujer deprimida, puede, por cierto, buscar el divorcio con la esperanza de empezar de nuevo con una persona más comprensiva y afectuosa. Actualmente, esta última alternativa es la que se cierne como *la* vía aceptada para enfrentar la frustración matrimonial.

Ninguno de estos mecanismos es en realidad muy productivo. De hecho, cada uno de ellos tiene consecuencias negativas específicas. Ni siquiera un intento de suicidio tiene todas las posibilidades de atraer la atención del cónyuge. Aconsejé a una mujer aproximadamente dos semanas después de que le dieron el alta del hospital. Había hecho todo lo posible por establecer contacto con su esposo, y finalmente se sumió más y más en la depresión y la desesperación. Finalmente, recurrió a una decisión drástica. A la vista de su esposo, trajo todas las píldoras medicinales que encontró en el botiquín y procedió a tragar doscientas seis píldoras surtidas. Su esposo la miraba sin creer lo que veía. La mujer se dirigió luego a su dormitorio para esperar la muerte. Pero por supuesto, no tenía intención de dejar este mundo. Era un recurso desesperado por dramatizar delante de su esposo cuánto necesitaba su amor. Desafortunadamente, él no reaccionó. Cuando ella advirtió que él no tenía intención alguna de rescatarla, cobró fuerzas y se dirigió a un hospital cercano. Después del lavado estomacal, el personal del hospital telefonó al esposo, quien fue a acompañarla. ¡Estuvo allí sosteniéndole la mano durante dos horas sin siquiera preguntarle por qué había querido quitarse la vida! Aún más, el día que la trajo a mi consultorio, más de dos semanas después, hizo su primer comentario sobre lo sucedido. Mientras daba la vuelta para abrirle la puerta del auto, dijo: «¡Quiero que sepas que me diste un susto mortal hace dos semanas!»

Los lectores quizás encuentren difícil creer que este hombre amaba a su esposa, pero realmente la amaba. Su poca atención a las necesidades de su esposa estaba vinculada a un potencial fracaso laboral que le hacía difícil «entregarse» a su esposa, y aun escuchar sus reclamos. El estaba enfrentando su propia crisis, y esta coincidencia con frecuencia conduce a la desintegración de los matrimonios.

Si las maneras habituales de encarar los conflictos no proveen soluciones viables a los problemas matrimoniales, ¿cuál *es* la respuesta? Este interrogante nos lleva nuevamente a la promesa que hice al comienzo del capítulo, de conversar *con franqueza* a esposos y esposas. Siempre he procurado ser diplomático al tratar los temas familiares, pero les pido disculpas por salirme de las normas en esta oportunidad. La crisis actual de los matrimonios requiere un enfoque valiente que se ponga a la altura de la magnitud del peligro que enfrentamos. Como suele decirse, no se puede matar un dragón con balas de fogueo. Por lo tanto, voy a disparar primero sobre los hombres y luego dirigiré la carga contra las mujeres.

Un mensaje a los esposos de amas de casa cristianas:

¡Es *hora* de que adviertan que sus esposas están siendo atacadas! Todo lo que se les ha enseñado desde que eran muy pequeñas, ahora es motivo de burla y ridículo. Apenas pasa un día sin que los valores tradicionales de la herencia judeo cristiana sean abiertamente desvalorizados y ridiculizados.

—La noción de que la maternidad es una manera valiosa de invertir el tiempo de la mujer, sufre un incesante bombardeo.

—La idea de que las esposas deben someterse al liderazgo de los esposos, tal como se ordena en Ef. 5.21-33, se considera casi una estupidez medieval.

—Se sostiene que el concepto de que un hombre y una mujer deben llegar a ser una sola carne, y encontrar su identidad uno en otro en lugar de moverse como individuos independientes y competitivos, es algo que insulta profundamente a la mujer.

—La creencia de que el divorcio es una alternativa inaceptable ha sido abandonada prácticamente por todo el mundo. («¿Supiste que Roberto y Susana...?»)

—La descripción de la esposa y madre ideal, tal como la presenta Pr. 31.10-31, es impensable respecto de la mujer moderna. (Has recorrido un largo camino, muchacha.)

—El papel de la mujer como la que promueve el diálogo, la que amasa pan, la que atiende las heridas, la que ofrece amor, la que construye el hogar, la que cría a los hijos, es una idea que disgusta profundamente.

Todos estos valores profundamente arraigados, que muchas de sus esposas están tratando desesperadamente de mantener, son constantemente sometidos a un escarnio infernal. Los medios de comunicación en occidente —radio, televisión, prensa—, trabajan incesantemente para desmenuzar los últimos vestigios de la tradición cristiana. ¡Las esposas que todavía creen en esa herencia espiritual sienten que penden literalmente de una hebra! Se las empuja a sentirse estúpidas y anticuadas, mujeres no realizadas, y en muchos casos, su autoestima sufre daños irreversibles. Están enfrentando un movimiento social arrasador sin prácticamente ningún apoyo.

Permítame ser más directo aún. El hombre que aprecia la disposición de su esposa de mantenerse firme contra la corriente de la opinión pública, debiera advertir que ya es tiempo de que ofrezca alguna ayuda a esa mujer que se queda en el hogar en un vecindario vacío, en la exclusiva compañía de criaturas embadurnadas de mermelada y adolescentes rebeldes. No estoy meramente sugiriendo que lave los platos o barra el piso. Estoy aludiendo al respaldo emocional... a la conversación... a hacerla sentir mujer... a afirmar su autoestima... a asegurarle un día de recreación semanal... a invitarla a cenar afuera... a decirle que la ama. ¡Sin esa artillería, ella queda indefensa frente a los enemigos de la familia, los enemigos de *su* propia familia!

Pero, francamente, muchos esposos y padres han estado pensando en otras cosas. Sus esposas han estado ocupadas asistiendo a seminarios y leyendo libros sobre la familia, y estudiando la Biblia, pero ni siquiera consiguen que sus maridos acepten conversar sobre lo que han aprendido. Ustedes han estado intoxicados por el trabajo y por el refuerzo que éste le da a su ego.

Qué mejor ilustración podría dar que la carta que transcribí unas páginas atrás. Esas líneas las escribió una mujer desesperada cuyo esposo rara vez está en la casa, y cuando está, no tiene nada que decir. Prefiere la compañía de los conductores de televisión, que no hacen ninguna pregunta y no esperan ninguna respuesta. Por sobre todo, él es un aplicado comensal de lo que le pongan delante. Usted ya conoce la historia.

Ah, sí, este hombre tiene a su mujercita exactamente donde quiere tenerla. Ella está atrapada en una casa con dos niños de menos de tres años de edad, pañales y narices mocosas, y cocinando las comidas que prepara para el Sr. Gómez. Esa es la existencia de una mujer que vive y respira, y que tienen profundas necesidades de amor y respeto. Pero su marido no sólo no se propone satisfacer esas necesidades, sino que le prohíbe que las satisfaga en otro sitio. Ni siquiera la autoriza a asistir a grupos de estudio bíblico, porque, imagínese, teme que sus niños contraigan alguna enfermedad por contagio. Nada que decir de la patología que está asfixiando a su esposa, la enfermedad llamada *soledad*. A las esposas de los maridos que no son más que buenos comensales, les digo: «¡Vayan lo mismo a los estudios bíblicos!» La sujeción al liderazgo masculino no se extiende, según mi entender, a los comportamientos que serían nocivos al esposo, a la esposa y al matrimonio. De la misma forma, no debe una mujer tolerar el abuso físico, psíquico o sexual de los niños, ni las agresiones a su persona.

El mensaje no podría ser más simple a un hombre cristiano: el Señor les ha ordenado amar a sus esposas «como Cristo amó a la iglesia y se entregó a sí mismo por ella». Ella lo necesita ahora mismo. ¿Le hará un lugar en sus proyectos?

Un mensaje a las esposas de hombres
demasiado ocupados e insensibles:

Hay siempre dos lados de la moneda, y es hora de que veamos la otra cara del asunto. Este capítulo ha estado dominado por la perspectiva femenina, no sólo porque su punto de vista es más válido y significativo, sino porque es mal comprendido por la mayoría de los hombres. He escrito todo un libro, *What Wives Wish Their Husbands Knew About Women*, con el propósito de hacer conocer a los hombres algunas de esas frustraciones. Sin embargo, los esposos tienen sus propios reclamos legítimos, también. De modo que prepárense, señoras. Ahora me voy a enfrentar a ustedes.

Estas severas palabras las voy a dirigir a la esposa de un buen hombre, al que llamaré Federico. Quiere a Bárbara y a sus hijos. ¡De veras! Literalmente daría su vida por ellos si fuera necesario. No bebe. Nunca ha fumado. No tienen compulsión por el juego. No tocaría a otra mujer en ninguna circunstancia. Se levanta todas las mañanas y marcha al trabajo, soportando quizás un trabajo tedioso y servil durante cuarenta y cinco años. Trae el salario a casa y hace lo mejor que puede por estirarlo para que alcance todo el mes. Vive de acuerdo con un código moral que resulta notable en una época tan deshonesta como ésta. Paga sus impuestos correcta y puntualmente, y jamás ha levantado de la oficina ni un alfiler. No le pega a los niños ni patea al perro ni flirtea a la viuda del frente. Es tan predecible como el amanecer, y estoy seguro de que Dios le reserva un sitio del otro lado.

Pero el buen Federico tiene una grave falla. Fue criado en una época en que a los varones se les enseñaba que debían reprimir sus pensamientos y sus sentimientos. «A los niños no se les debe ver ni escuchar», decían sus padres. No recuerda jamás que lo hayan abrazado o alabado, y todos saben que los varones no deben llorar. De modo que Federico aprendió bien su lección. Se volvió tan duro como los clavos y tan silencioso como las ostras, pero al hacerlo, perdió contacto con sus emociones. Ahora, *no puede* ser espontáneo ni afectuoso, no importa cuánto se esfuerce. Simplemente no le sale.

Y la mayor parte de sus pensamientos permanecen enterrados y reprimidos.

Uno podría esperar que Bárbara aceptara a Federico tal como es, ya que lo conocía antes de que se casaran. Más aún, su actitud reservada era la que lo hacía tan atractivo cuando estaban noviando. Siempre parecía tan fuerte, tan controlado, en comparación con su propia emotividad impulsiva. Pero ahora Bárbara está harta de su esposo tan poco romántico. Está profundamente airada porque no se comunica con ella, y continuamente lo regaña por sus supuestos «fracasos» como esposo. El no puede hacer *nada* bien, y ella se ocupa de hacer que ambos se sientan miserables el año redondo.

Hagamos más concreto aun el ejemplo. Federico y Furiosa Bárbara son una combinación bastante frecuente de temperamentos. He visto cientos de esposos y esposas en esa misma situación. Muchos hombres, no sólo aquellos que fueron enseñados a reprimir sus emociones, encuentran difícil armonizar con las emociones de sus esposas. *No pueden* ser lo que sus esposas quiere que sean. Pero en lugar de considerar al hombre como una *totalidad*, afirmando sus cualidades positivas como contrapeso de sus «flaquezas», las esposas se concentran en los elementos faltantes y permiten que sea eso lo que domine la relación. Está casada con un buen hombre... ¡pero no es lo suficientemente bueno!

Sólo los hombres que están casados con semejantes mujeres saben qué miserable puede tornarse la vida. El rey Salomón tenía al menos una mujer inconforme en su harén, porque escribió «Mejor es morar en tierra desierta que con la mujer rencillosa e iracunda» (Pr. 21.19). Más tarde se refirió a la insatisfacción de esta mujer como «gotera continua» (Pr. 27.15). ¡Tenía razón! Una mujer enojosa vocifera, delira, llora y se queja. Su depresión es perpetua y echa a perder las vacaciones, los feriados, y los meses en medio. Puede, a modo de venganza, negarse a cocinar, limpiar, o cuidar de los niños. El esposo entonces enfrenta el tremendo desafío de llegar a una casa desordenada y encontrar a una mujer amargada y airada los cinco días de la semana. Y lo triste de esta historia es que a menudo él es *incapaz* de ser lo que ella quiere que sea. El ha intentado seriamente reordenar su naturaleza básica en cinco o seis oportunidades, pero no ha logrado nada. Un leopardo no pierde las manchas, y un hombre poco romántico, poco comunicativo, simplemente no puede transformarse en un conversador sensible. La desavenencia matrimonial es insalvable.

La esposa deprimida da vueltas en su mente a la posibilidad del divorcio. Día y noche considera esta alternativa, y pesa las desventajas en relación a una única ventaja: *escapar*. Se preocupa por el efecto que el divorcio pueda tener sobre los niños, se pregunta si será capaz de mantenerlos, y desea no tener que decírselo a sus padres. Da vueltas y vueltas a los pro y a los contra. ¿Debo o no hacerlo? Siente a la vez atracción y repulsión por la idea de separarse.

Esta etapa contemplativa me recuerda una clásica película documental que se lanzó en los primeros tiempos del cine. El camarógrafo captó un hecho dramático que ocurrió en la Torre Eiffel. Allí, cerca de la punta misma, estaba un ingenuo «inventor» que había construido un par de alas a semejanza de los pájaros. Las había atado a sus brazos con el propósito de usarlas para volar, pero no estaba totalmente convencido de que pudieran funcionar. La película lo muestra caminando hacia la rampa y mirando hacia abajo, para luego retroceder, y volver a avanzar. Después se paraba sobre la rampa, pero volvía otra vez hacia la plataforma. Aun con una cámara tan primitiva, la película logró captar la lucha interna del potencial volador. «¿Debo o no debo hacerlo? Si las alas funcionan seré famoso. Si fallan, voy hacia mi muerte». ¡Qué aventura azarosa!

El hombre finalmente subió, se soltó del arco, y se balanceó adelante y atrás en un increíble instante de su destino. Luego saltó. La última escena se tomó con la cámara apuntando directamente hacia abajo mientras el hombre caía como una pedrada. Nunca intentó siquiera aletear en su camino al suelo.

En algunos sentidos, la ama de casa deprimida es como el hombre sobre el borde. Sabe que su divorcio es un salto peligroso e impredecible, pero quizás podría henchirla con la libertad de un pájaro. ¿Tendrá el coraje de saltar? No, sería mejor quedarse en la seguridad de la plataforma. Por otro lado, podría ser el escape tan largamente añorado. Al fin de cuentas, todo el mundo lo hace. Avanza y retrocede en medio de su confusión... y a menudo se lanza.

¿Qué le ocurre entonces? Mi observación es que sus «alas» no le brindan el respaldo prometido. Después de agobiantes trámites legales y la lucha por la custodia de los hijos y por instalarse convenientemente, la vida regresa a su monótona rutina. Y qué rutina. Tiene que conseguir un trabajo para mantener el hogar, pero sus destrezas laborales son escasas. Podría trabajar en un bar, o como recepcionista, o vendedora. Pero para cuando le pague a la niñera (si es que consigue una), le queda muy poco dinero para darse algún gusto. Su nivel de energía es aun más escaso que su dinero. Llega a la casa exhausta, sólo para encontrarse con las necesidades apremiantes de los niños, que la irritan. La suya es una existencia áspera.

Entonces observa a su ex-esposo, que la lleva mucho mejor. Gana más dinero que ella, y la ausencia de los niños le da mucho más libertad. Lo que es más, (y este es un punto importante), en la sociedad tiene mucho más prestigio ser un hombre divorciado que ser una mujer divorciada. El a menudo encuentra una nueva amante más joven y más atractiva que su primera esposa. Los celos arden en la mente de la divorciada, que se encuentra sola, y seguramente, otra vez deprimida.

Esta no es una historia inflada para desalentar el divorcio. Es un esquema típico. He observado que muchas mujeres que buscan el divorcio por esas razones (no por infidelidad), lamentarán de por vida su decisión. Sus esposos, cuyas buenas cualidades reaparecen a la larga, empezarán a parecer nuevamente muy atractivos. Pero estas mujeres ya han dado el paso sobre el borde... y tienen que entregarse a las fuerzas de la naturaleza.

El divorcio *no* es la respuesta al problema de un esposo ocupado y una mujer solitaria. Aunque el mundo secular se haya vuelto liberal en su actitud hacia la estabilidad del matrimonio, las pautas bíblicas siguen siendo válidas. ¿Quiere saber exactamente *qué* piensa Dios del divorcio? El ha dejado bien claro su punto de vista en Mal. 2.13-17, especialmente en relación a los esposos que andan buscando un nuevo entretenimiento sexual:

Pero ustedes aún hacen más: inundan de lágrimas el altar del Señor, y lloran con grandes lamentos porque el Señor ya no acepta sus ofrendas. ¿Y aun preguntan ustedes por qué? Pues porque el Señor es testigo de que tú has faltado a la promesa que le hiciste a la mujer con quien te casaste cuando eras joven. ¡Era tu compañera, y tú le prometiste fidelidad! ¿Acaso no es un mismo Dios el que ha hecho el cuerpo y el espíritu? ¿Y qué requiere ese Dios sino descendientes que le sean consagrados? ¡Cuiden ustedes, pues, de su propio espíritu, y no falten a la promesa que le hicieron a la esposa de su juventud! El Señor Dios de Israel, el todopoderoso, dice: «¡Cuiden, pues, de su propio espíritu; pues yo aborrezco al que se divorcia de su esposa y se mancha cometiendo esa maldad!» El Señor ya está cansado de escucharles; y todavía ustedes se preguntan: «¿Qué hemos dicho para que se haya cansado de escucharnos?» Pues ustedes han dicho que al Señor le agradan los que hacen lo malo, y que está contento con ellos. ¡Ustedes no creen que Dios sea justo! (VP)

Si el divorcio no es la solución, ¿qué puede decirse a favor de la mujer que está emocionalmente insatisfecha? Primero, es bueno que ella identifique la *verdadera* razón de su frustración. Es cierto que su esposo no está respondiendo a sus necesidades, pero dudo que los hombres jamás hayan respondido a las mujeres como ellas esperaban. ¿Acaso el granjero de cien años atrás llegaba del campo y preguntaba: «¿Cómo te ha ido hoy con los niños?» No, era tan indiferente a la situación de su esposa como lo es Federico a la situación de Bárbara. ¿Entonces cómo sobrevivió la esposa del granjero, en tanto que Bárbara anda caminando por las cornisas? ¡Parece que la diferencia entre ambas se encuentra en la *ruptura de las relaciones entre las mujeres*! Cien años atrás, las mujeres cocinaban juntas, envasaban conservas, lavaban la

ropa juntas en el arroyo, oraban juntas, enfrentaban la menopausia juntas, y envejecían juntas. Cuando nacía un bebé, las
tías, abuelas y vecinas estaban allí para mostrarle a la nueva
mamá cómo cambiar, cómo alimentar, y cómo disciplinar a
su hijo. El contacto femenino proveía enorme respaldo emocional. Una mujer en realidad nunca estaba sola.

Pero la situación es muy distinta hoy en día. La familia
extendida ha desaparecido, privando a la esposa de esa
fuente de seguridad y compañerismo. Su madre vive en otra
ciudad, y su hermana mucho más lejos. Más aun, las familias
en los países más desarrollados se mudan cada tres o cuatro
años, lo que impide establecer amistades duraderas en el
vecindario. Además hay otro factor que rara vez se reconoce:
las mujeres norteamericanas y las mujeres modernas en general, tienden a ser económicamente competitivas y recelo-
sas unas de otras. Muchas ni siquiera considerarían invitar a
un grupo de amistades hasta que su casa esté adecuadamente
pintada, amueblada o decorada. Como dijo alguien: «¡Trabajamos duro para tener casas lindas en las que nunca hay
nadie!» El resultado es el aislamiento, y con él su pariente
directo: la soledad.

Cuando se priva a la mujer del respaldo emocional significativo que llega desde fuera del hogar, se traslada una
enorme presión a la relación conyugal. El hombre entonces
se torna la fuente primaria de conversación, expansión, compañerismo, y amor. Pero su esposa no es su única responsabilidad. El enfrenta una enorme presión en el trabajo, tanto
interna como externa. Su autoestima depende de cómo maneja su negocio, y la posición de la familia entera depende de
su éxito. Para cuando llega a casa, le queda muy poco con lo
cual estimular a su solitaria esposa... aun si la entendiera.

Permítame hablarle claramente a la esposa del marido
ocupado y poco comunicativo: *usted no puede depender únicamente de este hombre para satisfacer todas sus necesidades*. Se
sentirá constantemente frustrada por la imposibilidad de él
para responderle. En cambio, usted debe establecer una red de
mujeres amigas con quienes conversar, reír, afligirse, soñar, y
recrearse. Hay miles de amas de casa a su alrededor que tienen

las mismas necesidades y experiencias. Ellas estarán buscándola cuando usted inicie su búsqueda. Anótese en grupos de gimnasia, en pasatiempos, en actividades de iglesia, en estudios bíblicos, en clubes de ciclismo, en lo que sea. Pero por todos los medios resista la tentación de encerrarse en las cuatro paredes de una casa, sentada en el trono de la autoconmiseración, esperando que su príncipe llegue en el caballo blanco.

Con frecuencia, la característica más irritante de un hombre es un subproducto de la cualidad que su esposa más admira. Quizás sea frugal y mezquino, cosa que ella detesta, pero que le ha dado éxito en los negocios, cosa que ella admira enormemente. Quizás esa actitud tan atenta a las necesidades de su mamá, que a su esposa la irrita, sea otra dimensión de la misma actitud que guarda hacia su propia familia. En el caso de Federico, su controlada estabilidad ante las crisis, que fue lo que atrajo inicialmente a Bárbara, está relacionada con su falta de espontaneidad y pasión en tiempos más sosegados. El punto que quiero señalar es éste: *Dios le ha dado a su esposo el temperamento que tiene, y usted debe aceptar esas características que él no puede cambiar. Después de todo, él tiene que hacer lo mismo respecto a usted.* «No lo digo porque tenga escasez, porque he aprendido a contentarme, cualquiera sea mi situación. Sé vivir humildemente, y sé tener abundancia; en todo y por todo estoy enseñado, así para estar saciado como para tener hambre, así para tener abundancia como para padecer necesidad. Todo lo puedo en Cristo que me fortalece» (Flp. 4.11-13).

Conclusión

No hay nada tan desagradable como un esposo o esposa llenos de amargura que agreden y desvalorizan a su cónyuge. A la vez, nada es tan hermoso como una relación amorosa que responde al magnífico plan de Dios. Cerraremos este capítulo con un ejemplo brillante de este amor divinamente inspirado. Lo escribió un cirujano que lo vivió. Quizás sus palabras lleguen a conmoverlo profundamente, como me sucedió a mí.

Estoy junto al lecho en que yace una joven mujer, el rostro propio de un postoperatorio, la boca torcida por la parálisis, grotesca. Una pequeña porción de su nervio facial, el que iba a los músculos de la boca, ha sido seccionado. Su rostro quedará así de ahora en más. El cirujano había seguido con fervor religioso la curva de su tejido, se lo puedo asegurar. Sin embargo, para quitar el tumor de su mejilla, era inevitable cortar ese pequeño nervio.

Su joven esposo está en la habitación. Está del otro lado de la cama, y parecen estar juntos bajo la luz mortecina de la lámpara, ajenos a mi presencia, solos. ¿Quiénes son, me pregunto, él y esta boca torcida que he creado, que se miran y se acarician tan generosamente, con tanto anhelo? La joven esposa habla primero.

«¿Quedará siempre así mi boca?», pregunta.

«Sí», le respondo. «Quedará así porque cortamos el nervio».

Ella asiente, en silencio. Pero el joven hombre sonríe.

«A mí me gusta», dice; «es simpática».

De pronto *sé* con certeza quién es él. Lo entiendo y bajo la mirada. Uno no puede mostrarse valiente al encontrarse con un dios. Sin dudarlo, se inclina y la besa en la boca torcida, y yo estoy tan cerca que puedo ver cómo tuerce sus propios labios para acomodarse a los de ella, para mostrarle que aún se pueden besar. Recuerdo que los dioses en la Grecia antigua aparecían como mortales, y contengo el aliento, me lleno de asombro.*

---

* Richard Selzer, M. D.: *Mortal Lessons: Notes in the Art of Surgery*, Simon & Schuster, N. York, 1976, pp. 45-46.

11

El hombre y la vida recta

Hace poco recibí una carta típica, de una mujer que describía algo que había ocurrido durante su primer año de matrimonio. Su esposo y ella se dieron cuenta de que un ratoncito estaba compartiendo el departamento con ellos, lo que a ella le pareció insoportable. Su esposo colocó una trampa para cazar al peludo roedor, y lo consiguió. Sin embargo, el tipo de jaula que había colocado era de captura viva, lo que planteaba el siguiente interrogante: «¿Qué hacemos ahora con el ratón?» Ni él ni ella tenían el coraje suficiente para matar el ratoncito a sangre fría, pero tampoco querían dejarlo ir. Finalmente encontraron la solución: ahogarlo.

El esposo llenó un balde con agua y cuidadosamente introdujo la jaula en el líquido, con el ratoncito y todo. Luego salieron de la casa unas dos horas, para no presenciar la agonía final. Pero cuando regresaron, descubrieron que el agua no cubría totalmente la jaula. El ratón había hecho el mismo descubrimiento, y se las había arreglado para mantener la punta de la nariz fuera del agua, sosteniéndose sobre un solo dedo.

Nunca supe cómo concretaron la ejecución final. La mujer me relató esta historia no para familiarizarme con la desgracia de aquel ratoncito, sino para describir sus *propias* dificultades. Ese roedor, explicó, sosteniéndose sobre un dedo dolorido, llegó a ser el símbolo de su primer año de vida matrimonial. Logró sobrevivir, pero sólo a fuerza de mantener la nariz fuera del agua. No cabe duda que esta ilustración se aplica a millones de parejas. Sólo mediante grandes esfuerzos evitan ahogarse en el insondable mar de las responsabilidades. Quisiera dedicar lo que queda de este capítulo a esas personas que están luchando en medio de las presiones de la «vida recta». Quisiera comenzar definiendo estos términos.

La vida recta para un ama de casa es lavar los platos varias veces al día, limpiar el lavabo, fregar el inodoro y encerar los pisos, perseguir a los niños y arbitrar en las peleas entre hermanos. (Una madre dijo que había tenido que criar «tres triciclos motorizados» y que eso la había agotado.) La vida recta implica conducir el auto ida y vuelta a la escuela veintitrés veces por semana; hacer las compras y hornear bizcochos para toda la clase. Por lo general, la vida recta significa ser el progenitor de un adolescente ingrato; les puedo asegurar que ésa no es tarea para mariquitas. (Es difícil dejar que el adolescente se encuentre a sí mismo —¡sobre todo cuando uno sabe que ni siquiera está buscando!) Por supuesto, la vida recta para el ama de casa puede ser a veces una experiencia agobiante.

La vida recta para el hombre que trabaja no es mucho más simple. Es levantar el cuerpo cansado de la cama, cinco días a la semana, cincuenta semanas por año. Es ganarse una vacación de dos semanas y elegir una salida que complazca a los niños. La vida recta es gastar el dinero sabiamente cuando en realidad le gustaría despilfarrarlo en darse algún gusto; es llevar a su hijo a andar en bicicleta el sábado cuando en realidad preferiría quedarse a ver el partido por televisión; es limpiar el garaje en su día libre después de haber trabajado sesenta horas esa semana. La vida recta es atender resfriados, afinados del motor, malezas del jardín y formularios impositivos; es llevar la familia a la iglesia los domingos cuando en realidad ya ha escuchado todo lo que el pastor tiene para ofrecer; es dar una parte de sus ingresos a la obra del Señor a pesar de preguntarse cómo llegar a fin de mes. La vida recta para el tipo común y corriente de esposo es todo esto que he enumerado... y mucho más.

La vida recta para la mujer que trabaja fuera del hogar es otra tarea asfixiante. Ella se «dedica a la oficina», pero regresa al hogar para asumir la mayor parte de las responsabilidades propias de un ama de casa de tiempo completo. La fatiga es su constante compañera, mientras se arrastra de una tarea a la siguiente. Especialmente si tiene uno o más niños pequeños, la «madre que trabaja» tiene que ser una persona de constitución muy fuerte si quiere sobrevivir.

Con todo, quizás el papel más difícil sea el que les toca a los padres que crían solos a sus hijos. Realmente merecen toda nuestra admiración. Estas personas, que generalmente son mujeres, deben cumplir las tareas que normalmente cumplen esposos y esposas, sin el respaldo y el amor de su pareja. La vida recta para ellos no transita a nivel llano sino cuesta arriba los siete días de la semana. Ocasionalmente me encuentro con algún hombre o mujer cuya travesía parece realmente imposible. Nunca olvidaré la conversación telefónica que mantuve con una joven madre hace algunos años. Estábamos trasmitiendo en vivo una audición radial, y yo procuraba responder a las preguntas de los oyentes que llamaban pidiendo consejo. El programa fue grabado, lo que me permitió luego reflexionar en esa emotiva conversación. La voz suave y femenina de una joven, de unos veintitrés años quizás, todavía resuena en mi mente.

Era la madre de dos niños en edad preescolar, y el menor, un bebé de trece meses, tenía parálisis cerebral. No podía hablar ni caminar ni reaccionar como lo harían los niños de su edad. Su hermano mayor, que entonces tenía tres años, aparentemente estaba resentido con la atención que recibía el bebé, y constantemente ponía a prueba la autoridad de su madre. Mientras conversábamos, supe de otras dificultades que debía enfrentar. Su esposo no había sido capaz de soportar esas presiones y la había dejado unos meses atrás. De modo que allí estaba esta joven mujer, agobiada por la culpa y las pruebas que significaban un bebé enfermo y un niño rebelde, y confrontada con el abandono y rechazo de su esposo. Sentí profundo dolor por ella.

Después de la emisión radial, recibimos docenas de cartas de oyentes que deseaban saber el nombre de la madre y su dirección. Querían orar por ella y ofrecerle ayuda económica. Pero no pude satisfacerlos. Lo único que conocía de ella era su voz... una voz que trasmitía tristeza y sufrimiento, temor, coraje y fe. Obviamente, esta mujer transita la vida recta día a día... sola.

Lo que quiero subrayar es que la vida recta puede tornarse muy pesada... para todos los que transitamos en ella. Hay ocasiones en que nos preguntamos: «¿Qué hago aquí? ¿Es esto todo lo que ofrece la vida? ¿Estoy destinado a avanzar penosamente por el resto de mi vida con esta interminable carga de responsabilidades?»

Hasta hace treinta años, había una sola respuesta socialmente aceptable a esa pregunta: «¡No te des por vencido! Hay bocas que alimentar, niños que vestir, un patrón al cual complacer, y un hogar para mantener. Aprieta los puños, y vuelve al trabajo». Quizás esta conclusión no resultaba de mucho consuelo, pero producía *estabilidad* en las familias y en la sociedad.

Hoy, se empieza a ofrecer una nueva respuesta, que expresa: «Ya no puedo soportar más. Es estúpido ser el sucio esclavo de todo el mundo. ¿Por qué no tirar todo por la borda y empezar de nuevo? Los niños se adaptarán, de alguna manera. De todos modos no te aprecian. Quizás puedas encontrar una nueva pareja, alguien a quien realmente le importes. Vamos, hombre. ¡Date todos los gustos, porque sólo se vive una vez!»

Lo que estoy diciendo es que para todos aquellos que hoy procuramos vivir una vida recta, hay *voces* que constantemente nos invitan a abandonarla. Revise cualquier revista o encienda el televisor, y es probable que se encuentre con estos enemigos de la autodisciplina y la responsabilidad. Analicemos cuatro de estas voces que son las que más influyen en las personas para que abandonen la vida recta.

La primera de estas voces es el *placer*. Para la persona que ha trabajado setenta horas por semana durante varios años, la posibilidad de disfrutar puede llegar a ser la mayor atracción. Interrogué a un hombre que había dejado a su esposa y se había casado con su secretaria. Le pregunté qué había motivado esta dramática decisión, y me contestó sin titubear.

«Tengo cuatro hijos», dijo. «He sido un esposo y padre consagrado durante diez años, soportando el bullicio constante, las peleas, y las presiones económicas en el hogar. Rara vez tuve tiempo para mí mismo, y mi vida ha sido una sola y prolongada obligación. Cuando apareció Marta, me fui con ella, porque francamente, me parecía que la diversión y los deportes eran una opción atractiva».

Obviamente, este hombre había sido «arrastrado» fuera de la vida recta por la voz del placer.

La segunda voz, que influye más sobre las mujeres que sobre los hombres, podría denominarse el *anhelo de romanticismo*. Las esposas, especialmente aquellas que están casadas con esposos muy ocupados, añoran la excitante sensación de los encuentros románticos. ¡Anhelan «Una noche de ensueño, en medio de la multitud!» Otra canción que expresa esas necesidades se titula «Los sueños de un ama de casa como todas». El poema describe una mujer solitaria vestida con un batón desaliñado, que está recorriendo las hojas de un album de recuerdos. Encuentra una flor seca y arrugada, que le fuera entregada hace tanto tiempo la noche de graduación de la secundaria. Se veía tan encantadora esa noche, los muchachos estaban impresionados con su belleza. Por un instante, su ropa de entre casa se transforma en un vestido de gala, y gira frente al espejo, extasiada. Vuelve a ser bella, objeto de deseo y envidia. Pero no es más que una fantasía pasajera, y la imagen desaparece. Ahora añora tener en su vida siquiera una pizca de aquel excitante romanticismo. Esta mujer no es la única. Este anhelo de un encuentro romántico al estilo Cenicienta es muy frecuente entre las mujeres casadas. Por eso es que el *anhelo de romanticismo* induce a tantas mujeres a abandonar la vida recta.

La tercera voz que convoca a los adultos a abandonar el camino de la responsabilidad es el *deseo de relaciones sexuales extramatrimoniales*. El Dr. Robert Whitehurst, del Departamento de Sociología de la Universidad de Windsor, Ontario, planteó en una ocasión la siguiente pregunta: «¿Tienen la mayoría de los hombres, en algún momento, deseos extramatrimoniales?» Su respuesta, que fue publicada en *Sexual Behavior* («Conducta Sexual») incluía los siguiente comentarios: «...*Todos* los hombres desde el primer día de su matrimonio *piensan* en esta posibilidad... *Si bien* esta tendencia hacia la actividad sexual extramatrimonial disminuye hacia el final de la mediana edad y más adelante, nunca desaparece totalmente de los hombres normales».

Estas contundentes afirmaciones dejan poco espacio a las excepciones, pero estoy de acuerdo en que *no es infrecuente*, al menos, que los hombres casados piensen en aventuras extramatrimoniales. La atracción de la infidelidad tiene un poder increíble para influir en el comportamiento humano. Aun los hombres cristianos, que están consagrados a Dios y a sus esposas, deben luchar con las mismas tentaciones sexuales. Sin embargo, el apóstol Pedro escribió en términos inconfundibles acerca de las personas que se dejan llevar por estas presiones: «No pueden ver a una mujer sin desearla; no se cansan de pecar. Seducen a las almas débiles; son expertos en la avaricia; son gente maldita. Andan perdidos, porque *se han desviado del camino recto*. Siguen el ejemplo del profeta Balaam, hijo de Beor, que quiso ganar dinero haciendo el mal y fue reprendido por su pecado: una asna muda le habló con voz humana y no lo dejó seguir con su locura» (2 P. 2.14-15, lo enfatizado por el autor).

Esto nos trae a la cuarta voz, que es aun más influyente que las que hemos considerado hasta aquí. La he llamado *las necesidades del ego*. Tanto hombres como mujeres parecen igualmente vulnerables a este poderoso deseo de ser admirado y respetado por personas del sexo opuesto. Por lo tanto, aquellos que se enredan en una aventura a menudo lo hacen porque quieren probar que siguen siendo atractivos a las mujeres (o a los hombres). La emoción está en saber que «alguien me encuentra sexy, o inteligente, o apuesto, o atractiva. A esa persona le encanta escucharme cuando hablo... le gusta cómo pienso... le resulto interesante». Estos sentimientos emanan de la raíz misma de la personalidad —el ego— y pueden hacer que un hombre o una mujer cuerdos se comporten de manera absurda y poco decorosa.

Esto me recuerda al capítulo siete de Proverbios, donde el rey Salomón está advirtiendo a los jóvenes que no frecuenten a las prostitutas. Estas son las palabras del hombre más sabio de Israel:

Un día estaba yo mirando entre las rejas de mi ventana a unos jóvenes sin experiencia, y me fijé en el más imprudente de ellos. Al llegar a la esquina cruzó la calle en dirección a la casa de aquella mujer. La tarde iba cayendo, y comenzaba a oscurecer. De pronto la mujer salió a su encuentro, con toda la apariencia y los gestos de una prostituta, de una mujer ligera y caprichosa que no puede estarse en su casa y que anda por calles, plazas y esquinas esperando atrapar al primero que pase.

La mujer abrazó y besó al joven, y descaradamente le dijo: «Yo había prometido sacrificios de reconciliación, y hoy he cumplido mi promesa. Por eso he salido a tu encuentro;

PLACER   **ROMANTICISMO**

VIDA RECTA

SEXO   **NECESIDADES DEL EGO**

¡tenía ganas de verte, y te he encontrado! Sobre mi cama he tendido una colcha de lino egipcio, la he perfumado con aroma de mirra, áloe y canela. Ven, vaciemos hasta el fondo la copa del amor; gocemos del amor hasta que amanezca, pues mi esposo no esta en casa; ha salido para un largo viaje; se ha llevado una bolsa de dinero y no volverá hasta el día de la luna llena».

Sus palabras melosas e insistentes acabaron por convencer al

VIDA RECTA

muchacho, que sin más se fue tras ella: como un buey rumbo al matadero, como un ciervo que cae en la trampa y al que luego una flecha le parte el corazón; como un ave que se lanza contra la red sin saber que eso le va a costar la vida.

Así pues, hijo mío, escúchame; presta atención a mis palabras. No desvíes hacia esa mujer tus pensamientos; no te pierdas por ir tras ella, porque a muchos los ha herido de muerte; ¡sus víctimas son numerosas! Tomar el camino de su casa es tomar el camino de la muerte (Pr. 7.6-27, VP, lo enfatizado por el autor).

Observe que Salomón no dijo que el atractivo sexual de esta mujer sería irresistible. Lo que resulta irresistible son sus *palabras melosas.* Ella le hace sentir que lo admira, y ese es el golpe fatal. Sólo me hubiese gustado que Salomón reconociera que millones de *mujeres* han caído también en la misma trampa, tendida por hombres de dulces palabras. Tanto hombres como mujeres son igualmente vulnerables a las necesidades del ego y a la adulación.

Quisiera hacer un diagrama de este camino de la responsabilidad y las voces que nos incitan desde el mundo del desvarío.

VIDA RECTA

Me ha resultado interesante observar a hombres y mujeres que deciden abandonar la vida recta para responder a voces extrañas. Rara vez deciden repentinamente girar a izquierda o a derecha y sumergirse en una aventura o en un estilo de vida totalmente distinto. Lo que ocurre es que dan pequeños pasos, movimientos de poco riesgo: se alejan de la línea recta y luego regresan para evaluar lo ocurrido. (Ver diagrama)

En las primeras etapas, un observador podría no reconocer siquiera el comportamiento como una conducta ilícita. Podría tratarse de un almuerzo con la secretaria que se prolonga apenas treinta minutos más que lo habitual. La mayor parte del tiempo están hablando del trabajo. Pero ambos saben que la conversación laboral no es la causa del entusiasmo que sienten dentro de sí. Están fantaseando alejarse de la vida recta. Más tarde ese día, ella le entrega una hoja de papel, y cuando la recibe, él deja que sus dedos acaricien suavemente los de ella. Nada serio. No han hecho nada malo. Pero los dos están haciendo «señales de giro» para salir de la ruta de la responsabilidad. Si no controlan sus inclinaciones en este momento, la señal se volverá estridente, y la relación ilícita irá creciendo. Estas situaciones casi siempre avanzan a menos que se las sofoque deliberadamente. Finalmente, la aventura amorosa que comenzó con una sobremesa prolongada se transforma en una pasión descontrolada que resulta incompatible con la vida recta. Entonces la ruptura sucede de manera dramática.

Quizás *parezca* que Tomás o Margot abandonaron súbitamente sus hogares, su matrimonio, sus hijos y su trabajo...

pero puede estar seguro de que han estado considerando y «evaluando» varias semanas la ruptura.

Podemos abordar ahora una importante pregunta. ¿Qué ocurre con la persona que corre tras las voces seductoras? ¿Son felices para siempre? ¡Difícilmente! He observado a aquellos que han abandonado el mundo de la responsabilidad, e invariablemente ocurre un interesante fenómeno: ¡con el tiempo establecen otra vida formal y responsable! El césped siempre es más verde del otro lado de la cerca, pero de todos modos hay que mantenerlo. Tarde o temprano, el placer de una aventura ilícita tiene que llegar a su fin. La gente tiene que volver a trabajar. Tampoco el sentimiento romántico puede durar para siempre. De hecho, este nuevo amante pronto se transforma en una persona corriente, igual al esposo o la esposa que han dejado. Las debilidades se hacen más evidentes, y la pareja tiene su primera pelea. Eso derrumba el entusiasmo. La relación sexual gradualmente va perdiendo su fulgor porque deja de ser una novedad. Hay ocasiones en que ni siquiera resulta atractiva. Pero lo más significativo es que el hombre y la mujer finalmente tienen que concentrarse en ganarse la vida, cocinar y limpiar, pagar los impuestos, y entonces las necesidades del ego se vuelven a acumular. Ay... después de que las emociones han llegado hasta la luna, no tienen más remedio que volver nuevamente a la tierra.

¿Qué hace entonces nuestra tierna pareja cuando por segunda vez llegan a la conclusión de que la vida recta se ha vuelto insoportable? Conozco hombres y mujeres, y seguramente usted también conoce, que han ido pasando de una relación a otra, en una vana búsqueda de placer permanente y gratificación de la sexualidad y del ego. Al hacerlo, dejan desoladas a sus anteriores parejas, que se sienten rechazadas, amargadas, no amadas. Engendran criaturitas que añoran el afecto de un padre o una madre... pero nunca lo encuentran. Todo lo que queda en esta marcha hacia la vejez es una serie de relaciones rotas, vidas destruidas y niños agresivos. Un principio bíblico anticipa el inevitable desenlace: «Entonces la concupiscencia, después que ha concebido, da a luz el pecado; y el pecado, siendo consumado, da a luz la muerte» (Stg. 1.15).

Nuestra sociedad, de orientación humanista, ha tomado en cuenta estas consecuencias dolorosas del divorcio, y ha ofrecido diversas «soluciones» a las familias con dificultades. Una de esas sugerencias, que debiera figurar como la idea más ridícula en toda la historia del matrimonio, es que debiéramos *incorporar* la infidelidad a la vida normal. Este concepto de matrimonios no excluyentes fue presentado por Nina y George O'Neill en el *best-seller* que produjeron hace quince años, *Open Marriage* («Matrimonio abierto»). Proponían que los esposos se permitieran acostarse con quien quisieran, sin siquiera darle aviso a su cónyuge. Los propios O'Neil admitieron pocos años después que la idea no funcionaba. Parece que habían pasado por alto la presencia de los celos en la relación. ¿Quién lo hubiera pensado?

Dick Hobson lo expresó mejor al escribir en *Los Angeles Magazine*:

> ...la estructura de nuestra personalidad está impresa en nosotros y no es fácil liberarnos de ella. Cambiar las apariencias, las costumbres sociales, puede darnos la peligrosa ilusión de que ha habido un cambio real. Ahora se nos dice que el sexo es bueno y que debiéramos practicarlo en abundancia; ¿por qué no lo hacemos? Porque todavía nos manejamos por una norma innata que nunca se enteró de la Revolución Sexual (abril de 1977, p. 197).

Otra vez a los ensayos. Si no podemos incorporar la infidelidad al matrimonio, quizás podemos hacer más fácil la huida de la vida recta. Con este propósito, John F. Whitaker escribió un «Contrato matrimonial» que era casi tan absurdo como *Open Marriage*. Apareció en *Woman's Day* («El día de la mujer»), y en muchas otras publicaciones, bajo el título: «Un conjunto de pautas modernas para las parejas jóvenes que están considerando casarse». Whitaker presentaba a continuación un contrato que debía ser firmado por las partes implicadas y los testigos, consignando la fecha correspondiente. Si logra leer las condiciones de este contrato sin montar en cólera, significa que usted está hecho de una pasta distinta a la mía. Permítame citar sólo algunos de los artículos:

Entiendo que nada permanece para siempre; no hay garantías absolutas, y lo único que realmente cuenta es el AHORA.

No puedo hacerte feliz ni desgraciado/a, pero sí puedo hacerme feliz a mí mismo/a. Mi felicidad será una invitación a que te unas en mi felicidad, gozo y amor.

Fijaré mis propias pautas y no esperaré otra aprobación que la mía.

Renuncio al mito de que hay «una sola persona» que puede darme felicidad.

Cuando me comprometo a hacer lo que quiero hacer, entonces soy libre... No hay libertad sin responsabilidad.

Entiendo que no podemos ser todo el uno para el otro, y por lo tanto respeto y valoro la importancia de que tengas actividades de recreación y de trabajo distintas de las mías, con distintos amigos y colegas.

Entiendo que habrá sufrimiento tanto como alegrías, y acepto el riesgo del dolor cuando nos separemos. (Observe que el autor no dice «si nos separamos».) Sé que en última instancia debo renunciar a toda persona a la que amo, a menos que muera antes que yo.

Te amaré, te honraré, te respetaré (pero no te obedeceré ni me subyugaré a tu voluntad) hasta que alguno de los dos cambie de opinión, y mantenga esa postura por el lapso de un año o hasta la fecha de terminación de este contrato.

No esperes que te acepte tal como eres cuando dejes de mantenerte mentalmente atractivo/a y no cuides el desarrollo de tu mente.

No esperes que te acepte tal como eres cuando dejes de ser físicamente atractivo/a y dejes de cuidar tu cuerpo.

Me atenderé a mí mismo prioritariamente. Si me siento pleno, satisfecho, sin carencias, tendré abundante gozo, amor y afecto para darte.

Tendré mi propio dinero y propiedades, y disfrutaré compartiendo contigo nuestro dinero y propiedades en común.

Cuando tengamos problemas serios, atenderé primero mis propias emociones y luego, con una actitud serena y racional resolveremos los problemas entre nosotros.

Si bien me reservo el derecho a tener áreas privadas en mi vida que no compartiré contigo, no te mentiré de palabra ni de hecho, ni reteniendo información relevante que afecte nuestra relación.

No buscaré tener relaciones sexuales con otras personas si veo que eso te hace sentir amenazado/a. Espero de ti que reconozcas, admires y estimules mi sexualidad y mi atractivo como hombre o mujer.*

El contrato provee un espacio para colocar la fecha en que caduca. Las instrucciones dicen: «A la fecha de terminación del contrato, lo reconfirmaremos o renegociaremos, o pondremos fin a la relación del uno CON el otro, separándonos amistosamente para vivir de allí en adelante vidas independientes».

¿No provee esto un dulce fundamento sobre el cual construir un matrimonio? El autor propone que se establezca

---

* Del libro *Personal Marriage Contract*, de John F. Whitaker, M.D., Co. 1976, de John F. Whitaker, M.D., publicado por OK Street, Texas, Dallas, 1976.

una vida matrimonial formal, pero que los recién casados consientan de antemano en no prolongarlo demasiado tiempo. Y les aseguro que no lo harán. Hay una falla esencial que subyace en este concepto simplista: subestima el poder del sexo y del matrimonio para hacer de dos personas «una sola carne», y no alcanza a advertir el desgarro de esa carne al momento de la desintegración del vínculo. Lo mismo que *Open Marriage*, sólo puede producir dolor en aquellos que aplican tan impía filosofía.

¿Cuál es, entonces, la respuesta a una vida recta que oprime a los miembros de la familia? ¿Cuáles son las soluciones coherentes con la vida cristiana? El remedio, tal como he estado intentado decir a lo largo de este libro, es incorporar esas voces externas al matrimonio mismo. Como podrá notar, cuanto más grande es la frustración que se vive en el marco de la responsabilidad, tanto más volumen alcanzan las voces que nos llaman a dejarlo. Para disminuir su atractivo, simplemente debemos satisfacer esas mismas necesidades en el contexto del matrimonio. Primero, cada pareja debiera reservar un tiempo específicamente para el placer. Los esposos y las esposas debieran tener citas al menos una vez por semana, dejando a los niños en casa. De la misma forma, algunos deportes o actividades recreativas debieran disfrutarse en familia, ya sea el tenis, la natación, el esquí, o cualquier otra opción.

En segundo lugar, todos los esposos y esposas debieran tratar de mantener vivas las llamas del romanticismo en su relación, aprovechando las notas de amor, las sorpresas, las cenas a la luz de velas y las escapadas inesperadas de fin de semana, entre otras alternativas.

En tercer lugar, ambos *deben* reservar algún tiempo y energía para mantener relaciones sexuales significativas. Un cuerpo cansado hace sexo cansado. El aspecto físico de la relación se puede encarar creativamente, y en realidad debiera ser así.

En cuarto lugar, los matrimonios más exitosos son aquellos en que tanto el esposo como la esposa procuran afianzar la autoestima del otro. Qué trágico resulta cuando prevalece una relación destructiva. Me pone muy incómodo aun estar cerca de un hombre y una mujer que se arrojan dardos verbales, tratando de insultar y menoscabar a su pareja. Las necesidades del ego *pueden* ser satisfechas dentro de los lazos del matrimonio, y nada contribuye más a la intimidad y a la estabilidad que la expresión de respeto por la persona del cónyuge.

¿Pero quién va a invertir el esfuerzo necesario que requiere introducir esos atractivos al matrimonio? Nuevamente, observo que la mayoría de las mujeres está simplemente esperando que sus esposos tomen el liderazgo para alcanzar este objetivo. Ellas están por cierto deseosas de seguirlos, pero no pueden hacerlo por sí solas. Este es un juego que sólo puede jugarse de a dos.

Los lectores que están enfrentando las grandes dificultades del matrimonio quizás quieran consultar mi libro *Love Must Be Tough*. Fue escrito específicamente para aquellos que atraviesan una crisis conyugal.

El hombre y su trabajo

12

El hombre y su trabajo

Después de haber analizado qué significa la vida recta en términos generales, es conveniente que examinemos las responsabilidades específicas a las que debe responder un hombre en su trabajo. Este asunto es de importancia central en este libro, donde se enfocan las prioridades del hombre y la importancia que asigna a su familia. En nuestra época, es inevitable que haya surgido una fuerte competencia entre el trabajo y el hogar de un hombre. Lograr un equilibrio entre ambas áreas de responsabilidad, requiere una constante atención, y lo cierto es que la mayoría de los hombres inclina decididamente la balanza en favor de sus ocupaciones.

Ya he admitido que a mí mismo no me ha sido fácil adquirir una perspectiva apropiada respecto a mi profesión y mi familia. Cuando creo que ya he vencido al dragón del exceso de dedicación al trabajo, vuelvo a decir «sí» unas cuantas veces en que debería haber dicho «no, gracias», y el monstruo vuelve a levantarse para vapulearme. No conozco otra área en la que sea tan fácil equivocarse, y que tenga consecuencias tan devastadoras sobre la familia.

En el capítulo siete, describí un período tremendamente frenético de mi vida, allá por 1969, y cómo mi padre me ayudó a reordenar las prioridades convenientemente. Sin embargo, el *peor* asedio del exceso de compromisos lo viví unos años más tarde. Pasé seis semanas de increíbles presiones, asumiendo compromisos que tendrían que haber estado distribuidos en seis meses. Todavía no sé que ataque de estupidez me llevó a sucumbir en tamaña irracionalidad. Nadie me obligó. Nadie me amenazó de muerte. No tenía presiones económicas. No recuerdo haber tenido *ninguna* excusa para hacerlo. Simplemente bajé la guardia algunas semanas, y me encontré atrapado en una lucha por la supervivencia.

Había aceptado hablar en distintos puntos del país cinco fines de semana consecutivos, con un solo intervalo. Eso solo ya era ridículo, porque significaba que durante más de un mes no vería a mis hijos los días sábados. Pero al mismo tiempo estaba apremiado por los plazos de un nuevo libro, tres nuevos cassettes, un programa radial semanal, y una audición televisiva (¡qué afortunado!) Para complicar las cosas, el viaje a San Antonio, y la muerte de mi padre, que ya he mencionado, sucedieron en medio de este período. La fatiga se acumuló semana a semana mientras corría de un aeropuerto a otro, escribía conferencias, y mantenía en orden los impuestos.

El climax llegó a principios de octubre cuando volé a Cincinnati para participar de un Encuentro de Alabanza, promovido por Bill Gaither. Por los cambios de horario, perdí una noche de descanso, y luego pasé dos días frente a auditorios que oscilaban de doscientas a ochocientas personas. Fue un hermoso tiempo para enseñar, compartir y aconsejar, pero exprimió hasta la última gota de energía que me quedaba. Me arrastré hasta el aeropuerto totalmente exhausto. Un solo pensamiento palpitaba en mi cabeza mientras el avión se encaminaba hacia el oeste: «¡*Terminó!*»

Durante seis semanas no había tenido tiempo para mí mismo. Mi mayor anhelo era reptar por la puerta de mi casa y permanecer aislado durante al menos siete días. Más que ninguna otra cosa, quería ver por televisión al día siguiente el partido de mi equipo favorito. Esa es para mí la mejor de las terapias... ¡siempre que gane mi equipo!

Dejemos por un momento el avión que vuelve hacia el oeste y vayamos a Arcadia, California, donde mi esposa Shirley también está acercándose al final del asedio. Durante seis largas semanas ha administrado el hogar sin el apoyo de un hombre. Ha tenido que disciplinar, enseñar, orientar, alimentar, medicar y bañar a dos niños revoltosos. No hace falta recalcar que ella *también* está llegando al límite de su resistencia. Lo que es más, Shirley casi no ha visto a su esposo desde el primero de septiembre, y sus necesidades emocionales han estado soportando una prolongada «postergación». Hay una reflexión que la anima a resistir: «¡Por fin regresa Jim y se hará cargo!»

¡No hace falta ser un gran analista para observar que Shirley y yo nos encaminamos a una inevitable colisión durante el fin de semana! Sólo era cuestión de tiempo que ocurriera alguna explosión, porque los dos estábamos demasiado exhaustos para considerar las necesidades del otro.

Debería hacer un paréntesis para comentar la relación que disfrutamos Shirley y yo como marido y mujer. Dios ha bendecido nuestro matrimonio de una manera hermosa. Shirley es, por cierto, mi mejor amiga sobre la faz de la tierra. De hecho, si una noche cualquiera tuviera libertad para elegir con quién estar, nadie desplazaría el primer lugar que ocupa mi esposa. Es maravilloso que dos personas puedan vivir juntas durante treinta y un años y sin embargo seguir encontrando tanto de lo cual hablar y compartir cada día. Hemos crecido en comprensión mutua, y resulta casi innecesario discutir o pelear a esta altura de nuestra vida. La «lucha por el poder» se superó hace ya muchos años. Sin embargo, ahora debo decirles que Shirley y yo tuvimos una descomunal pelea el fin de semana siguiente a aquel Encuentro de Alabanza.

Llegué a casa el viernes por la noche, y Shirley me saludó afectuosamente al entrar. Conversamos acerca de los últimos acontecimientos, de los niños, de la rutina, antes de que el sueño nos venciera a ambos. La mañana siguiente transcurrió amablemente... hasta que terminamos el desayuno. Lo tomamos placenteramente en el jardín, pero cuando terminamos, nuestras diferencias de actitud se hicieron repentinamente patentes.

«Ah, Jim», dijo Shirley, «recordarás que esta noche vienen setenta y cinco personas del grupo de solteros de nuestra iglesia, y necesito que me ayudes a preparar la casa. Lo primero que quiero es que limpies el toldo de la galería».

Mi presión sanguínea escaló súbitamente a más de veinte, y me empezó a salir vapor por las orejas. ¿Acaso no sabía Shirley lo duro que había venido trabajando? ¿Qué clase de explotadora es esta mujer? ¿Acaso no se da cuenta cuánto necesito este día para mí? ¡Pues bien, les diré una cosa! ¡Yo voy a ver ese partido por televisión, y si a Shirley no le gusta, lo lamento!

No recuerdo qué palabras usé para expresar estos pensamientos, pero no debo haberme hecho entender. Shirley quedó atónita por un momento, luego entró a la casa dando un portazo. Yo quedé bajo el toldo sucio por unos instantes, sintiéndome con todo el derecho a estar indignado. «Después de todo, no soy un hombre de hierro. ¡Necesito descanso, y lo voy a tener!»

En efecto, eso fue lo que hice. Miré el partido por televisión en mi estudio, pero la tensión que me rodeaba era increíble. El silencio entre mi esposa y yo era abrumador. No habíamos intercambiado una sola palabra después del tenso incidente de la mañana. Luego el enojo empezó a dar lugar al dolor, que es aún más dañino para la comunicación.

Las setenta y cinco personas que vinieron esa noche fueron convidadas con refrescos en la galería. No parecieron tomar nota del toldo sucio. Finalmente se fueron, dejándome en compañía de una mujer muda que seguía actuando como si toda la culpa fuera mía. ¡Así son las mujeres!

Luego llegó el incómodo momento del día que llamamos irse a la cama. Yo trepé a mi lado de la amplia cama matrimonial, y me acomodé lo más cerca que pude del borde sin caerme por el precipicio. Shirley hizo lo mismo, aferrándose tenazmente a su «borde». Nos separaba como un metro de colchón. Ninguno de los dos hablaba. Sin embargo, de ambos lados se sentían frecuentes suspiros, acompañados de constantes movimientos y acomodos en la cama. Shirley finalmente se levantó para tomar un par de aspirinas y volvió a la cama. Quince minutos más tarde yo prendí la luz para ponerme unas gotas descongestionantes. Lo que siguió luego fue una de las noches peor dormidas de mi vida.

Al día siguiente era domingo, lo que traía consigo más momentos incómodos. Nos vestimos y fuimos a nuestra clase de escuela dominical, albergando todavía profundas heridas y resentimiento mutuo. Aunque usted no lo crea, el maestro esa mañana decidió hablar acerca de la armonía conyugal y el plan que Dios tenía para esposos y esposas. Shirley y yo asentíamos y sonreíamos aprobatoriamente, pero teníamos ganas de patearnos el uno al otro. Me hizo sospechar que muchas otras parejas también mantenían una fachada para ocultar sus verdaderos sentimientos. (Luego relaté este suceso en la misma clase, y comprobé que mis sospechas eran acertadas.)

Me hubiese gustado poder decir que el problema se solucionó el domingo por la tarde, pero no fue así. Ni se superó el lunes, ni el martes. Hacia el miércoles, estábamos agobiados al máximo por esta guerra de silencio. Ambos habíamos descansado ya, y todo el asunto empezó a perder el fragor inicial. Le dije a Shirley que me gustaría que nos encontráramos a desayunar en un restaurante, y le dije que iría más tarde a trabajar.

Lo que ocurrió luego fue un hermoso tiempo de comunicación y amor. Empecé a advertir que Shirley había sufrido la misma necesidad que yo. Ella empezó a entender lo profundamente agotado que yo estaba. Lo conversamos, y restablecimos esa intimidad que hace que la vida valga la pena.

No sólo superamos la crisis, sino que aprendimos algunas lecciones valiosas y salimos ganando en la experiencia.

No he escrito los detalles de este conflicto sólo por entretenerlos. Más bien, es mi convicción que la *mayoría* de las parejas han llegado a pelear por los mismos tópicos, y que las lecciones que aprendimos Shirley y yo pueden ser de ayuda a otros. Hay tres conceptos básicos que pueden ayudar a manejar episodios similares en su propio matrimonio. Permítame que los enumere.

1. Todos los problemas de comunicación parten de suposiciones diferentes.

Es obvio que mi batalla con Shirley surgió enteramente de las diferentes suposiciones que ambos habíamos hecho respecto al fin de semana, y el no haber podido comunicar esas expectativas antes de que chocáramos. Di por sentado que mis responsabilidades de esposo y padre no se iban a reiniciar hasta que me dieran la oportunidad de descansar y recuperarme. Era una expectativa razonable, pero ocurre que difería de las expectativas de Shirley. Ella sentía que su solitaria tarea de atender todas las obligaciones en el hogar terminaba apenas yo regresaba de la guerra, y que aceptaría retomar la carga de sus cansados hombros apenas saliera el sol del sábado. Era una expectativa razonable, pero no armonizaba con las mías. Podríamos haber evitado ese conflicto si hubiéramos tenido una breve conversación antes del incidente del toldo.

Podría haber dicho: «Shirley, ya sé que has estado sobrecargada durante estas últimas seis semanas, y quiero ayudarte a recuperar la armonía. Pero quiero que seas comprensiva conmigo por unos pocos días más. Nunca estuve tan cansado como ahora, y me cuesta hasta conversar. Si me permites encerrarme unos días... mirar unos partidos por televisión y dormir lo más posible... retomaré mis responsabilidades hogareñas los primeros días de la próxima semana».

Shirley hubiera entendido esta solicitud y la hubiera respondido. Ella es ese tipo de mujer. De la misma forma, si ella me hubiese dicho: «Jim, estas últimas semanas han sido terribles en casa. Sé que no podías evitarlo, pero he necesitado tu presencia. Apenas puedas, necesito que te involucres otra vez con los niños, y también quiero que estés conmigo. Y sabes, hay *una* cosa que yo no puedo hacer y me daría mucho gusto que me ayudaras hoy. Ves, el toldo está sucio y...»

Esta breve explicación me hubiera ayudado a entender la situación de Shirley. Pero en realidad, guardamos reserva sobre nuestras mutuas expectativas... y ya saben cómo terminó la historia.

Los malos matrimonios están saturados de supuestos diferentes entre los cónyuges. El piensa que ha cumplido con su responsabilidad conyugal con proveer el sustento. Ella supone que él también debería responder a las necesidades románticas que ella tiene, y ocasionalmente ayudarla con los niños. La fricción constante se da porque las perspectivas divergentes chocan entre sí. El supone que tiene derecho a la satisfacción sexual, dónde y cuándo lo desee. Ella da por sentado que la relación sexual debe darse después de disfrutar un tiempo de comunicación, amor, y respeto mutuo. Se plantean graves conflictos a causa de estas perspectivas contrastantes. El piensa que el dinero le pertenece básicamente a él, puesto que él lo ha ganado. Ella da por sentado que ella tiene derecho a la mitad de los recursos, tal como indica la ley. La lista de estos supuestos frecuentemente divergentes es virtualmente infinita, y el estrago que producen se hace evidente en todos los juicios de divorcios.

Uno de los propósitos de la consejería matrimonial, al menos como yo lo percibo, es trabajar sobre esas perspectivas diferentes para alcanzar acuerdo y armonía.

2. La hostilidad en muchos matrimonios es expresión directa de profundas heridas causadas entre ambos.

Volviendo a mi conflicto con Shirley, no olvide que ninguno de los dos se propuso herir al otro. Nuestra ira inicial no estuvo motivada por la malicia o la venganza, sino por la sensación de haber sido agredidos por el otro. Esa situación subyace en muchos conflictos matrimoniales. Sentirse herido da lugar a la ira y al resentimiento, y genera palabras destructivas entre los cónyuges.

Entremos silenciosamente a visitar una pareja de recién casados que está en medio de una feroz batalla. Ella insulta a gritos a su marido, y él le devuelve las más mezquinas observaciones. Allí están, enrojecidos de ira en su departamento, mutuamente atacando el ego del otro. Los observadores podrían sorprenderse de saber que el problema básico *no* es el enojo. Ambos se han sentido *heridos* por el comportamiento del otro. Las acusaciones que descargan uno al otro son mera expresión del sufrimiento interno. Sin embargo, sus palabras no hacen más que profundizar las heridas e intensificar el sufrimiento. Se instala un círculo vicioso que puede destruir rápidamente la relación.

Ese ciclo podría romperse si *uno* de los combatientes encontrara el coraje suficiente para hablar de su propio dolor, en lugar de incrementar el disgusto de su pareja.

«Juan, hice esta deliciosa comida... pasé tres horas en la cocina porque deseaba agradarte. Y ni siquiera llamaste para avisar que llegarías tarde. Francamente, me dolió y me hizo sentir que no me respetabas».

Juan puede recibir ese mensaje sin devolver comentarios hirientes. Pero si María le dice que es «un irresponsable, que no le importa nada, que es un insensible, igual que su madre», entonces el frente de batalla ya está trazado. Comprender la dinámica de los conflictos personales puede ayudar a disminuir la hostilidad cuando se produce un desacuerdo.

3. El exceso de trabajo es el principal enemigo de un matrimonio.

La tercera lección que aprendimos de nuestro conflicto es la más importante, y reitera un concepto que he presentado a lo largo de este libro. Las sobreexigencias y la fatiga no sólo son destructivas a las relaciones padre-hijo, sino que pueden debilitar al más fuerte de los matrimonios. ¿Cómo pueden llegar a comunicarse un hombre y una mujer si están demasiado exhaustos para conversar? ¿Cómo pueden orar juntos si todo su tiempo está programado hasta el último momento? ¿Cómo van a disfrutar de la relación sexual si llegan al final del día agotados? ¿Cómo van a «cortejarse» mutuamente, salir a caminar bajo la lluvia o sentarse junto al hogar, si tienen que hacer frente a la tiranía de todo lo que «debe hacerse»?

Desde la perspectiva más favorable que tengo ahora, debo admitir que la pelea con Shirley fue esencialmente culpa *mía*. No es que no tuviera derecho a descansar al volver a mi casa;; pero sí era culpable de haber sobrecargado la agenda durante ese período. El conflicto nunca hubiera ocurrido si yo no hubiera asumido compromisos hasta el techo durante seis semanas. Mi falta de disciplina hizo que ambos termináramos exhaustos, lo que a su vez produjo una serie de reacciones emocionales negativas en cadena: irritabilidad, autoconmiseración, petulancia, egoísmo y distanciamiento. Pocos matrimonios pueden sobrevivir a una dosis regular de semejante medicina amarga.

Ya he mencionado que compartí este incidente con mi clase de escuela dominical para adultos, unas semanas después de ocurrido. Sucede que ese día grabaron mis comentarios, y ahora está en venta un cassette bajo el título *How to Save Your Marriage* («Cómo salvar su matrimonio»). Ha motivado una interesante correspondencia con aquellos que lo han escuchado. Una de esas cartas está transcrita a continuación con permiso de quien la envió:

Querido Dr. Dobson:

Es la una de la mañana, y acabo de terminar de escuchar su grabación «Cómo salvar su matrimonio». Además de mi trabajo regular como tesorero y administrador general de una importante empresa, atiendo un indecible número de responsabilidades en relación con la iglesia, y con organizaciones cristianas y seculares.

He escuchado una sola vez la cinta, pero quedo con una enorme sensación de frustración y de culpa. Soy el prototipo de la persona que usted ha descrito tan acertadamente. Pero el caso es que no sé cómo salir de esta situación. Casi todo lo que usted señala se aplica a mi caso: agenda sobrecargada, necesidades económicas, etc., etc.

Tengo tres hijos: uno en la universidad y dos en la secundaria, y sé que nunca podrán recordar momentos vividos conmigo como los mejores tiempos de su infancia. Y eso duele mucho.

Sé que debo hacer algo. Sé que el Señor tiene poder. De lo que no estoy seguro es de poder cambiar. Supongo que mi motivación para escribir esta carta, a semejante hora, es en algún sentido terapéutico: quiero admitir mi situación, tomar un primer paso concreto en ese sentido, y pedirle que ore por mí.

Tengo dos de sus libros, a los que he echado una ojeada alguna vez. La cinta, en cambio, la escuché mientras estaba trabajando. No recuerdo haber oído un mensaje más honesto y práctico en mis veinte años de creyente.

Gracias por compartir de una manera tan abierta. Lo que deseo ahora es que mi esposa escuche la grabación y que sea una manera de iniciar un diálogo profundo. Se me ocurre que también podría pedirles a mis hijos que lo escucharan, y quizás sea la forma de iniciar un nuevo estilo de relación con ellos. No sé.

En el mismo sentido de dar ese «paso concreto», voy a despachar esta carta camino a casa.

Gracias por su sinceridad,

Suyo en Cristo...

He incluido esta carta para ejemplificar lo que los hombres ya saben: que no es fácil reducir el ritmo. Los compromisos tomados previamente tienen que ser atendidos. Las presiones financieras requieren respuesta. El empleador rara vez *pregunta* si queremos asumir más tareas. El negocio propio podría fracasar sin nuestra supervisión personal. Nuestros pacientes no tienen otro médico a quien recurrir. Varios miembros de la iglesia están pasando por enfermedades y esperan la visita pastoral. Parece no haber cuándo parar. Tampoco debemos pasar por alto esa necesidad masculina siempre presente de triunfar, seguir adelante, luchar, lograr éxito.

Por otro lado, ¿no están todos en lo mismo? Por cierto que sí. No conozco un solo hombre que no esté corriendo a toda velocidad. Mi médico, mi abogado, mi contador, mi ayudante práctico, mi mecánico, mi pastor, mi vecino. Hay un sudor simbólico sobre las cejas de cada hombre. La mayoría de estos padres y esposos seguramente admitirían que están trabajando demasiado duro, pero reaccionan de manera llamativa cuando se plantea el tema: se han convencido muy sinceramente de que su exceso de trabajo es un problema *temporario*.

«Bueno, ya ve que éste es un año difícil, porque estoy estudiando de noche y tratando de ganarme el sustento al mismo tiempo. Pero no siempre será así. Calculo que podré graduarme dentro de un año, y esta presión se acabará».

o...

«Mi esposa y yo acabamos de comprar este nuevo negocio, y nos va a llevar un año hacerlo funcionar. Luego podremos contratar empleados. Hasta entonces, tendremos que trabajar entre diez y doce horas por día. Esto afecta bastante nuestra vida familiar, pero no va a durar mucho».

o...

«Acabamos de mudarnos a una casa nueva, y he tenido que acondicionar todo el terreno y construir una pieza en el fondo. Invertimos casi todas las noches y el sábado íntegro en ese proyecto. Mi hijo constantemente me pide que hagamos volar la cometa, que vayamos a pescar, y todo eso, y me encantaría hacerlo. Constantemente le digo que tenga paciencia hasta el verano y podremos hacer todo eso y mucho más».

o...

«Nuestro hijo nació hace dos semanas, y el bebé no duerme de noche, así que nuestros horarios están totalmente alterados. Calculo que vamos a tener problemas hasta que logremos enviarlo al jardín de infantes».

La mayoría de las personas puede decir sin titubear que las presiones que sienten son resultado de circunstancias temporarias. El futuro será menos caótico. Llegarán tiempos de más calma. Hay una luz al final del túnel. Desafortunadamente, el optimismo que sienten generalmente no se justifica. He observado que el añorado período de tranquilidad rara vez llega. En cambio, estos períodos intermitentes de presión excesiva encuentran la forma de yuxtaponerse unos a otros, de tal forma que la familia emerge de una crisis y entra directamente en otra. Así, vivimos la vida entera a un ritmo acelerado, rumbo a un ataque cardíaco. Nos hemos engañado a nosotros mismos creyendo que son las circunstancias las que nos han forzado a trabajar en exceso por un tiempo breve, cuando en realidad las causas son *internas*. Carecemos de la disciplina necesaria para poner límite a nuestros enredos con el mundo externo, y elegimos en cambio dejar que nos dominen el trabajo y el beneficio material que nos reporta. Lo que se sacrifica en el camino son las relaciones afectuosas con esposas, hijos y amigos, que es lo que le da sentido a la vida.

Conclusión

Personalmente he analizado el sistema de vida americano, y lo encuentro *inaceptable*. A los cincuenta y cuatro años de edad (debería tener cincuenta y cinco pero estuve enfermo un año), he estado pensando en las etapas iniciales de mi existencia terrenal, y en lo que van a representar cuando llegue al final. Hubo un tiempo en que todos mis amigos se estaban graduando del secundario. Puedo recordar a muchos de ellos ingresando a la universidad. Por alguna razón, pasé por una etapa en la que parecía que todos se casaban. Unos años más tarde, nos inundaban las tarjetas anunciando el nacimiento de un bebé. Como puede ver, mi generación va lenta pero incesantemente transcurriendo las décadas, tal como las 2.400 generaciones que la han precedido. Ahora se me ocurre pensar que pronto llegará la etapa en que mis amigos se irán muriendo.

Mi tía Naomi Dobson me escribió una carta poco antes de su muerte en 1978. Me decía: «Parece que no pasara un día sin que alguno de mis amigos cercanos muere o sufre una enfermedad terminal». Obviamente, ella estaba viviendo la etapa final de su propia generación. Ahora, ella misma ha muerto.

¿Qué tiene que ver esto con mi vida, hoy? ¿Cómo se relaciona con la suya? Lo que estoy sugiriendo es que nos detengamos a considerar cuán breve es nuestra vida sobre la tierra; quizás encontremos nuevo estímulo para preservar los valores que realmente perduran. ¿Por qué cavar nuestra tumba precipitadamente, perdiendo los preciosos momentos que podemos vivir con los seres queridos que añoran nuestro afecto y atención? Esta es una pregunta que todo hombre y toda mujer deben plantearse.

Quisiera ofrecer una palabra final de estímulo a aquellos que están decididos a aligerar el ritmo: una vez que logre escapar de la constante presión, se preguntará: «¿Cómo pude soportar esta presión todos esos años?» *¡Hay una mejor forma de vivir!*

13

El hombre y su dinero

¿Se ha dado cuenta qué piensa la gente acerca del dinero y de todo lo que podría conseguir si lo tuviera? Basta encender la televisión para observar los competidores en un concurso, con los ojos dilatados y los lóbulos de las orejas rosados, abrumando al conductor con sus ansias de obtener los puntos ganadores. Es una lamentable condición conocida como *codicia televisiva*, y vuelve a sus víctimas incapaces de juzgar racionalmente.

¡Sí, señora! Acaba de ganarse una nueva LAVADORA DE ROPA, una provisión de golosinas MASTICABLES para un año, y esta maravillosa muñeca BEBÉ (tamaño grande) que literalmente le empapa la falda a su hijita. FELICITACIONES Lucía, y gracias por competir en JUEGUE Y GANE (aplauso frenético).

¿Cómo es que estoy tan familiarizado con la conducta típica de estos espectáculos? ¡Porque lo he vivido! Allá por

1967 mi dulce esposa logró arrastrarme al show de «Ganemos una fortuna». Shirley se puso pajaritos de cotillón en la cabeza y en la blusa, y yo portaba un estúpido cartel que decía: «Mi esposa defiende a los pájaros». Ridículo, ¿verdad? Pero le pareció bueno al animador, y nos seleccionó entre los afortunados participantes. Nos colocaron en dos asientos próximos a la cámara, pero el programa empezó «tratando» con otros competidores.

Yo me preguntaba constantemente qué hacía en la rueda de competidores, sosteniendo ese estúpido cartel. No podría haber nadie tan escéptico como yo respecto a toda la propuesta. Finalmente, el moderador nos nombró y esperamos el veredicto.

«Aquí, tras la puerta número 1, hay un... FLAMANTE AUTO!» (la audiencia se volvió loca de entusiasmo).

Repentinamente, me sobrevino un espasmo en la boca del estómago. La boca se me llenó de saliva y el corazón me retumbaba a los lados del pecho. Allí en el escenario estaba el auto de mis sueños: un *Camaro* cero km. El deseo empezó a subir hacia mi garganta y se atoró a la altura de la nuez de Adán. La respiración se me tornó irregular y agitada, lo que era otro síntoma inconfundible. Me había sobrevenido la temible codicia televisiva.

Para comprender mi reacción, debo informarle que he sido el poseedor de algunos de los peores coches de la historia automovilística. Cuando era estudiante conducía un *Mercury* 1949 convertible, que tenía asientos que se reclinaban automáticamente, ventanas automáticas, todo automático... pero nada funcionaba. Las ventanas quedaban cerradas todo el invierno y abiertas todo el verano. Así seguían, no importa cuánto variara la temperatura. Shirley, que entonces era mi novia, debe haberme querido mucho para soportar ese auto. Ella lo *odiaba*. El asiento delantero tenía un resorte rebelde que le rompía la ropa y le arañaba la piel. Había ocasiones en que el «Viejo latón rojo» decidía no andar. Shirley pasó más de una noche guiando lentamente ese montón de hierros por el camino, mientras yo empujaba desde atrás. ¡Eso sí que hería mi amor propio juvenil!

La peor humillación ocurrió poco después de nuestra graduación en la universidad. Nos citaron a una importante entrevista de trabajo, y nos pusimos nuestra mejor ropa dominguera para la ocasión. Allí estábamos, traje y corbata, medias y tacos, yendo a 90 km. por hora en el «Viejo latón rojo», cuando de pronto se desprendió la capota. Las cuerdas y el polvo nos golpeaban en la cara y la lona se sacudía detrás como la capa de Supermán. ¿Me creerán si les digo que Shirley se enojó (conmigo) por permitir que eso sucediera! Se acurrucó en el piso delantero, criticándome por conducir semejante adefesio. Es un milagro que nuestra relación haya sobrevivido a esa acalorada tarde.

Aunque el «Viejo latón rojo» había pasado a la historia mucho antes de aquel concurso televisivo, todavía no había llegado a tener un auto propio. Todo el dinero que ganaba iba a las cuotas de la Universidad para obtener mi doctorado, que finalmente había aprobado dos meses antes de este concurso.

Esto explica la reacción que sentí ante el hermoso automóvil que estaba tras la puerta número 1.

«Todo lo que tiene que hacer para ganar este auto», dijo el animador, «es decirnos el precio de estos cuatro artículos».

Shirley y yo adivinamos los tres primeros, pero el cálculo se nos trabó con el cuarto. Era una aspiradora portátil, cuyo precio resultó ser de 53 dólares. Teníamos un margen de error de tres dólares, si mal no recuerdo. Intercambiamos opiniones durante el corte comercial, ¡y arriesgamos por 108 dólares!

«Lo siento», dijo el animador. «Han fallado. Pero aquí tienen la aspiradora que han ganado (¡vaya!), y tres dólares por las preguntas bien contestadas. Gracias por participar en «Gane una fortuna».

Camino a casa, Shirley y yo conversamos acerca de cómo nuestras emociones habían sido manipuladas durante el espectáculo. Ambos habíamos sentido una enorme ambición, y no había sido una emoción placentera. He aprendido desde entonces una importante lección sobre la avaricia, y cómo opera en un contexto espiritual. He podido observar que *cualquier cosa* que una persona desee profundamente, será usada por Satanás como un obsequio a cambio de una concesión espiritual. En mi caso, un automóvil nuevo era la carnada perfecta para desatar mi ambición. Pero si el sexo ilícito es el deseo predominante en su caso, al fin y al cabo se le presentará. No se sorprenda cuando alguien le haga insinuaciones seductoras. Si a usted lo apasiona la fama o el poder, se le prometerá alcanzarla (aunque nunca lo logre). Recuerde que a Jesús se le ofreció pan después de un ayuno de cuarenta días en el desierto. Le prometieron poder y gloria después que había estado reflexionando en su inminente camino hacia la cruz. Lo que quiero subrayar que es que Satanás usa nuestros más profundos apetitos para destruirnos. Permítame repetir un pasaje: «Entonces la concupiscencia, después que ha concebido, da a luz el pecado; y el pecado, siendo consumado, da a luz la muerte» (Stg. 1.15).

De la misma forma, si tiene hambre y sed de una gran fortuna, ¡cuídese! Satanás tiene la mitad del camino hecho, por el hecho de que esta pasión materialista está expandida en toda la cultura occidental. Alguien me alcanzó recientemente un folleto publicado por el Banco de Seguridad en California, que estaba diseñado para atraer a quienes viven en una cultura obsesionada por las posesiones materiales. El folleto preguntaba: «¿Qué es lo que le gustaría tener para ser feliz?» Las páginas restantes del panfleto enumeraban las grandes fuentes de la felicidad: una lancha, un auto, una cocina, un televisor, una heladera. Me pregunto si los directivos del banco realmente creen que la felicidad se puede comprar en la forma de un electrodoméstico o un vehículo... Si es así, deberían revisar las palabras de Jesús, que dijo: «Mirad, y guardaos de toda avaricia; porque la vida del hombre *no* consiste en la abundancia de los bienes que posee» (Lc. 12.15, lo enfatizado por el autor).

De todos los valores que me trasmitió mi padre, ninguno me causó un impacto tan duradero como su actitud hacia el dinero. Como era evangelista itinerante, nunca podía anticipar el dinero que recibiría. La iglesia a la que ministraba recogía una ofrenda entre sus miembros, pero en algunas ocasiones el donativo apenas cubría los gastos de viaje. Más aun, si se hospedaba en la casa del pastor, era frecuente que papá advirtiera que los niños de la casa necesitaban medias, libros, o medicamentos. La última noche de la campaña evangelística, cuando le entregaban la ofrenda, mi padre solía separar lo necesario para llegar a casa, y entregaba el resto para compensar las necesidades de la familia del pastor.

Luego mi papá llegaba a casa, donde lo recibíamos mamá y yo. Todavía recuerdo las conversaciones entre mis buenos progenitores.

«¿Fue un gran avivamiento?», preguntaba mi madre.

«El Señor nos acompañó», respondía mi papá.

«¿Cuánto te pagaron?», continuaba ella.

«Bueno, tendré que explicarte», decía mi padre con un guiño.

«Ya sé», decía mamá; «lo obsequiaste todo, ¿verdad?»

«Sí, los niños del pastor estaban pasando mucha necesidad, y quise ayudarlos», explicaba papá.

Mi madre invariablemente respaldaba su decisión, diciendo que si a mi padre le parecía bien, estaba bien. Dios siempre había cuidado de nosotros y lo seguiría haciendo.

Días después, cuando las cuentas empezaban a acumularse, nuestra familia se ponía de rodillas delante del Señor. Mi papá oraba primero.

«Señor, sabes que hemos sido fieles con los recursos que nos has dado. Hemos tratado de ser sensibles a las necesidades de otros cuando has puesto su carga en nuestro corazón. Ahora, Señor, *mi* familia está necesitada. Tú has dicho: «Dad y se os dará». De modo que te presentamos nuestros platos vacíos y te pedimos que los llenes.

Como niño, yo escuchaba atentamente esas oraciones y observaba cuidadosamente para ver cómo respondía Dios.

Les digo, sin exagerar, que el dinero invariablemente llegaba en pocos días. Dios no nos hizo ricos, como algunos predicadores prometen hoy. En una ocasión, llegó por correo una ofrenda de 1.200 dólares al día siguiente de haber orado en familia. Mi fe de niño creció a grandes zancadas con esta demostración de confianza y sacrificio de mis padres. Lamento que mis propios hijos no hayan visto nunca a sus padres forzados a depender de Dios de la manera que yo lo experimenté cuando era pequeño.

Es interesante que Jesús tiene más que decir respecto al dinero que a cualquier otro tema, lo que enfatiza la importancia de este asunto en su familia y en la mía. Jesús dejó claro que hay una relación directa entre las grandes fortunas y la pobreza espiritual, como podemos ver hoy en nuestra sociedad. Como ya dije antes, creo que el excesivo materialismo de los padres tiene el poder de producir enorme daño espiritual en los hijos. Si ellos ven que nos importan más las *cosas* que las personas... si perciben que pretendemos comprar su afecto con cosas materiales que reduzcan nuestra culpa... si reconocen la superficialidad de nuestro testimonio cristiano, que se acompaña con mezquindad hacia Dios... el resultado con frecuencia es el cinismo y la incredulidad. Lo que es más grave, cuando observan a papá trabajando quince horas por día para acaparar más y más bienes terrenales, ellos *saben* dónde está el tesoro de papá. Ver es creer.

Padres, es vuestra responsabilidad enseñar a vuestros hijos actitudes cristianas hacia las posesiones y el dinero. Esto no se consigue con palabras, sino con la manera en que maneje sus propios recursos. El Dr. Mark Lee afirmó en su libro *Creative Christian Marriage*: «El sistema de valores de una familia puede deducirse de la manera en que gasta su dinero». Está en lo cierto. También se puede deducir de la forma en que la familia *no* gasta su dinero, ya que la mezquindad es también una forma de avaricia.

Cabe reflexionar que todo lo que usted posea finalmente lo poseerá a usted. Recuerdo que tuve vivencias acerca de la veracidad de este proverbio cuando me trasladé a una nueva oficina unos años atrás. Un diseñador me sugirió disponer algunos elementos para ambientar el lugar de manera impactante. Entre sus ideas estaba la de poner un reloj de pared. El reloj en cuestión costaba alrededor de 200 dólares, e hice a un lado la idea. Pero él habló con Shirley, y entre ambos me convencieron de que no iba a poder vivir sin ese reloj. ¿Qué podía hacer ahora?

El decorador eligió el reloj y lo colgó en un sitio destacado de la pared. Funcionó correctamente durante un par de meses, y luego repentinamente se volvió loco. La campana no sabía a qué hora sonar y empezaba a repicar en los horarios más insólitos. Irritado, me sumergí en los archivos para encontrar la garantía. Luego hubo que embalar el reloj en su caja y despacharlo al técnico. Lo retiramos cinco días más tarde y volvimos a colocarlo en la pared.

Un mes más tarde, la campanada volvió a chiflarse. Hubo que repetir todo el proceso de reparación. Y así continuó. Hace ya trece años que compré ese bártulo, y nunca ha funcionado más de seis meses seguidos. Vez tras vez he vuelto a pasar por la rutina del «arreglo». Les diré con franqueza que ese costoso reloj cuelga silencioso sobre la pared. Todavía resulta bonito, pero no da la hora. Me rendí.

¿Advierte qué ha significado para mí ser el propietario de este reloj? Sólo cuento con un determinado número de días de vida sobre la tierra. No importa cuántos sean, he gastado cierto porcentaje de esos preciosos días esclavizado por ese estúpido reloj. Eso es lo que nos hacen las posesiones materiales. A todos aquellos que aman las lanchas, o son fanáticos por los autos, o poseen un departamento... no importa qué posea, usted ha hecho un trueque de su tiempo por esas cosas, y ahora tiene que sudar para mantenerlas. Ese es el precio de ser propietario. Esa es nuestra manera de vivir, y yo personalmente, lo lamento.

Permítame cerrar esta reflexión enumerando quince citas que aluden al tema del dinero. Dos son propias y el resto son versículos bíblicos o adaptaciones de distintas fuentes. Quizás ayuden a reafirmar su propio sistema de valores.

1. «La medida de la fortuna de un hombre consiste en la cantidad de cosas de las cuales puede prescindir». —Ralph Waldo Emerson

2. «La manera más segura de ser feliz es no andar asegurando demasiadas cosas». —Anónimo

3. «El deseo es como un río. Mientras fluye en el cauce de la voluntad de Dios, sea una corriente fuerte o suave, todo está bien. Pero cuando desborda ese cauce, buscando otros canales, el desastre se cierne embravecido». —James Dobson (padre)

4. «¿Qué aprovechará el hombre si ganare todo el mundo, y perdiere su alma?» —Jesús (Mc. 8.36)

5. «La única cosa que puedes llevarte al cielo son tus hijos, y otros a quienes hayas hablado de Cristo». —Anónimo

6. «Raíz de todos los males es el amor al dinero». —1 Timoteo 6.10

7. «El gran secreto de la vida es gastarla en algo que la trascienda». —Anónimo

8. «A Dios le pertenece una parte de nuestros ingresos, no porque él lo necesite, sino porque nosotros necesitamos darlo». —James Dobson (hijo)

9. «¿Por qué dar dinero a cambio de lo que no es pan? ¿Por qué dar su salario por algo que no deja satisfecho? Oiganme bien y comerán buenos alimentos, comerán cosas deliciosas». —Isaías 55.2 (VP)

10. «Porque los que quieren enriquecerse caen en tentación y lazo, y en muchas codicias necias y dañosas, que hunden a los hombres en destrucción y perdición». —1 Timoteo 6.9

11. «Así es la raza humana. A veces da pena que Noé y su contingente no hayan llegado tarde al barco». —Mark Twain.

12. «Uno no trae nada a este mundo, ni se lleva nada. Considerando cómo es este mundo, somos afortunados si terminamos en empate». —Anónimo

13. Se dice que el hombre pasa por siete edades.
La primera edad: el niño ve el mundo.
Segunda edad: Lo desea.
Tercera: Se esfuerza por obtenerlo.
Cuarta: Decide conformarse con obtener sólo la mitad.
Quinta: Se sentiría satisfecho con algo menos de la mitad.
Sexta: Ahora se conformaría con poseer un pedazo de dos metros cuadrados.
Séptima edad: Lo logra. —Anónimo

14. Se dice que Lee Iacocca ha dicho que nunca ha conocido un hombre ocupado que al jubilarse haya expresado que hubiera deseado consagrar más tiempo a su trabajo. Lo que al final considera más importante, es su *familia.*

15. «He llegado a la conclusión de que acumular riquezas, aun si pudiera conseguirlas, no es razón suficiente para vivir. Cuando llegue al final de mis días, que puede ser muy pronto, quiero volver la mirada hacia algo más valioso que la adquisición de casas, propiedades, motores, ropa, o lo que fuera. Tampoco la fama es un beneficio duradero. Consideraré que mi vida ha sido un desperdicio a menos que pueda recordar una familia amante, una inversión perseverante en la vida de personas, y un sincero esfuerzo por servir al Dios que me creó. Ninguna otra cosa tiene mucho sentido».
—James Dobson (hijo), en *What Wives Wish Their Husbands Knew About Women.*

El hombre y su masculinidad

14

Diferencias biológicas entre el hombre y la mujer

Habíamos dedicado el capítulo dos a la importancia de mantener la distinción entre los papeles femenino y masculino. En otras palabras, intenté explicar por qué los hombres y las mujeres deben *comportarse* de manera diferente. Volviendo ahora a ese tema, me gustaría ofrecer evidencias que muestran la peculiaridad biológica de cada sexo. El movimiento feminista, al avasallar la tradicional distinción entre los dos sexos, ha afirmado reiteradamente que los hombres y las mujeres son idénticos a excepción de la capacidad de tener niños. Nada más lejos de la verdad.

Empecemos considerando el cerebro humano, donde arraigan la femineidad y la masculinidad. La investigación científica está demostrando que las diferencias básicas entre ambos sexos son de origen neurológico, y no meramente culturales. Como ha dicho el Dr. Richard Restak en su libro *The Brain: The Last Frontier:*

> Cualquiera que haya pasado cierto tiempo con niños en un patio de juegos o en un aula, es consciente de las diferencias en la manera en que niños y niñas reaccionan a situaciones similares. Piense en la última vez que le haya tocado atender un cumpleaños al que asistían niños de alrededor de cinco años. Normalmente no son las niñas las que tiran del pelo, dan empujones, o se arrojan comida. Generalmente esas diferencias se explican desde un punto de vista cultural. Se *espera* que los varones sean más agresivos y practiquen juegos más rudos, mientras que probablemente se *estimula* a las niñas a ser más suaves, menos dogmáticas, más pasivas. Después de varios años bajo la influencia de estas expectativas, sigue la teoría, hombres y mujeres terminan adoptando conductas y patrones mentales totalmente diferentes. Como corolario, muchas personas creen que si las prácticas de la crianza pudieran igualarse y se eliminaran los estereotipos sexuales, la mayoría de estas diferencias tenderían a desaparecer. Sin embargo, como sucede con frecuencia, la realidad de los hechos no es tan simple.
>
> La investigación reciente indica que muchas de las diferencias de funcionamiento cerebral entre ambos sexos son innatas, biológicamente determinadas, y relativamente inmunes a los intentos culturales de modificación.*

El Dr. Restak presenta numerosos estudios que respaldan esta afirmación, y concluye el capítulo citando al Dr. David Wechsler, creador del más popular test de inteligencia aplicado a adultos.

> ...nuestros descubrimientos confirman lo que poetas y novelistas han afirmado con frecuencia, y lo que el lego ha creído desde siempre, es decir, que los hombres no sólo se compor-

---

* Richard Restak: *The Brain: The Last Frontier*, Doubleday & Co., Garden City, N. York, 1979, p. 197.

tan, sino que «piensan» de manera diferente a las mujeres (p. 206).

Tanto el Dr. Restak como el Dr. Wechsler están en lo cierto. Hombres y mujeres difieren anatómica, sexual, emocional, psicológica y bioquímicamente. Literalmente, diferimos en cada célula de nuestro cuerpo, porque cada sexo tiene una estructura cromosómica peculiar. Hoy se escribe mucho acerca de las así llamadas cirugías para cambiar el sexo, mediante las cuales un hombre se transforma en mujer o viceversa. Admitamos que es posible cambiar los genitales externos mediante cirugía, y se puede utilizar silicona para armar el busto o redondear una figura huesuda. Luego se pueden inyectar hormonas para femeneizar o masculinizar al converso. Pero no se puede hacer nada para modificar la asignación sexual determinada por Dios mismo al momento de la concepción. Esa determinación está presente en cada célula, y dirá «masculino» o «femenino» desde el primer momento de vida hasta la muerte misma. La Biblia sostiene enfáticamente: «Hombre *y* mujer los creó» (Gn. 1.27, enfatizado por el autor). ¡No un sexo, sino *dos*!

Más aun, tengo la profunda convicción de que cada sexo despliega características emocionales propias que están genéticamente determinadas. Las influencias culturales no pueden explicar esas peculiaridades. Pocos psicólogos han tenido el coraje de expresar este punto de vista en los últimos años, porque algunas personas lo perciben como un insulto. Pero ser *diferentes* de los hombres no implica que las mujeres sean *inferiores*. Hombres y mujeres son creaciones originales de Dios, y cada uno tiene fortalezas y debilidades que se equilibran y confrontan mutuamente. Este es un diseño hermoso, que no debe ser desordenado.

¿Hasta dónde difieren emocionalmente hombres y mujeres? Consideremos en primer lugar la importancia del ciclo menstrual. Recuerdo los últimos años de la década del sesenta, cuando muchachos y muchachas de largas cabelleras casi no podían diferenciarse unos de otros. Dos de estos *hippies*, un varón y una mujer, estuvieron involucrados en un accidente de tráfico de poca seriedad y ambos fueron llevados al hospital. La enfermera que estaba llenando los formularios de ingreso no podía determinar por su ropa ni apariencia a qué sexo pertenecían. Después de pensarlo un momento, preguntó: «Bueno, ¿cuál de ustedes dos tiene ciclo menstrual?»

El *hippie* de la voz grave la miró a través del flequillo y dijo: «Seguro que yo no, pues no tengo ciclos menstruales».

Pero la pregunta era más significativa que la mera discriminación de sexo de los pacientes. Este asunto de la menstruación tiene muchas implicaciones respecto a la manera en que las mujeres perciben la vida a lo largo del mes. Se ha dicho, con bastante acierto, que las cuatro semanas del ciclo menstrual son equivalentes a las cuatro estaciones del año. La primera semana después del período puede compararse a la primavera fisiológica del almanaque. Nuevos estrógenos (hormonas femeninas) se liberan a diario y el cuerpo empieza a recuperarse del invierno reciente.

La segunda semana representa el verano del ciclo, en el que resulta fácil vivir. Durante esta fase la mujer tiene más autoconfianza que en cualquier otra fase del mes. Es el tiempo de máxima energía, entusiasmo, afabilidad y autoestima positiva. Los niveles de estrógeno explican mucho de este optimismo, ya que alcanzan una ascensión al promediar el ciclo, que es cuando se produce la ovulación. La relación entre esposos durante estos días de verano es característicamente la mejor del mes, cuando el deseo sexual (y la potencialidad de embarazo) llegan al máximo.

Pero el otoño sigue inevitablemente al verano. Los niveles de estrógeno disminuyen sensiblemente a medida que el cuerpo de la mujer se prepara para otro período menstrual. Una segunda hormona, la progesterona, entra en circulación, reduciendo el efecto del estrógeno, e iniciando los síntomas de tensión premenstrual. Es una temporada yerma del mes. La autoestima se deteriora día a día, produciendo depresión y pesimismo. La sensación de hinchazón y pesadez genera no sólo incomodidad, sino la creencia de «estar fea». La irritabilidad y agresividad crecen y se hacen más evidentes a medida que avanza la semana, alcanzando un clímax justo antes de la menstruación.

Luego llega el invierno y el período menstrual. Las mujeres difieren notablemente en la intensidad de estos síntomas, pero la mayoría experimenta algún grado de incomodidad. Las más vulnerables llegan a necesitar uno o días de cama durante la temporada invernal, sufren calambres y se sienten mal. Gradualmente, disminuye el asedio y regresa la refrescante novedad de la primavera.

¿Cómo podría alguien, conociendo este esquema cíclico, insistir en que no hay diferencias genéticamente determinadas entre hombres y mujeres? No hay nada que se parezca a esto en el hombre. El efecto del ciclo menstrual no sólo se puede observar clínicamente, sino que puede ser documentado estadísticamente.

Las incidencias de suicidios, homicidios, e infanticidios perpetrados por mujeres son significativamente más elevados durante el período premenstrual que durante cualquier otra fase del mes. Vale la pena considerar también los hallazgos de Alec Coppen y Neil Kessel, que estudiaron 465 mujeres y observaron que se mostraban más irritables y deprimidas durante la fase premenstrual que al promediar el ciclo. «Esto se verificaba tanto en mujeres neuróticas y psicóticas como en mujeres normales. Natalie Sharness también comprobó que la fase premenstrual se asocia a sentimientos de impotencia, ansiedad, hostilidad, y necesidad de afecto. Durante la menstruación, la tensión y la irritabilidad disminuyen, pero la depresión a menudo se mantiene durante esos días, y perdura hasta que se eleva el nivel de estrógeno».*

Dudo que estas realidades les lleguen a hombres y mujeres bajo la forma de revelaciones especiales. Ambos sexos saben que los comportamientos y actitudes siguen un ciclo mensual. He recibido interesantes cartas escritas por hombres que preguntan: «¿Cómo puedo soportar la irritabilidad de mi esposa durante esta fase?» Esa pregunta me recuerda

---

* *Psychology Today*, febrero 1972.

un incidente que compartí con mi amigo, ya fallecido, el Dr. David Hernández, que practicaba obstetricia y ginecología en el campo privado. La anécdota, verídica, se refiere a hombres latinos a cuyas esposas una compañía farmacéutica distribuyó píldoras anticonceptivas. El Departamento de Control de Medicamentos de los Estados Unidos no permitía que se hiciera investigación hormonal con sujetos humanos, de modo que la compañía eligió un pequeño pueblo pesquero en América del Sur, que estuvo dispuesto a cooperar. Todas las mujeres del pueblo recibieron la píldora el mismo día, y debían interrumpir la prescripción tres semanas después, para dar lugar a la menstruación. Eso significa, concretamente, que todas las mujeres adultas de la comunidad estaban experimentando la tensión premenstrual al mismo tiempo. Los hombres no pudieron soportarlo. Todos abordaban sus barcos y se marchaban mar adentro hasta que la crisis en el hogar se superaba. Sabían, aunque haya personas que no lo sepan, que las mujeres son muy distintas de los hombres... especialmente cada veintiocho días.

Pero hay otros aspectos en que las mujeres son peculiares. Las emociones femeninas también están modeladas por otras dos funciones exclusivamente femeninas, la lactancia y el embarazo. Más aún, el hipotálamo, que está localizado en la base del cerebro y ha sido llamado el «asiento de las emociones», parece estar armado de manera distinta en hombres y mujeres. Por ejemplo, un grave impacto emocional o un trauma puede ser interpretado por el hipotálamo, que entonces manda mensajes a la pituitaria por medio de neuronas y hormonas. La pituitaria a menudo responde modificando la química corporal en la mujer, llegando incluso a interrumpir el ciclo menstrual normal durante seis meses o más. La psicología femenina es como un instrumento delicadamente afinado, y es más vulnerable y complejo que su contraparte masculina. Todavía no entiendo porqué algunas mujeres encuentran que ese hecho sea un insulto.

¿Cómo se traducen estas diferencias a la conducta observable? La ciencia médica todavía no ha empezado siquiera a identificar todas las implicaciones de las diferencias entre sexos. Algunas de estas implicaciones son tremendamente sutiles. Por ejemplo, los investigadores que entraron sigilosamente a las universidades y residencias estudiantiles para estudiar el comportamiento de los sexos, observaron que hombres y mujeres hasta llevaban los libros de manera diferente. Los jóvenes tendían a llevarlos a un lado del cuerpo, sujetándolos por encima con el brazo. Las mujeres y niñas, en cambio, generalmente los llevaban como acunándolos contra el pecho, tal como harían con un bebé. ¿Quién podría calcular cuántas otras influencias vinculadas al sexo subyacen a nivel inconsciente?

Admitamos que algunas de las diferencias observadas *son* producto de la cultura. No sé como separar categóricamente las que son de exclusiva influencia genética de las que representan conductas aprendidas. Francamente, no parecen ser demasiado importantes. Las diferencias existen, por una u otra razón. A riesgo de que me rotulen como sexista o promotor de estereotipos sexuales (o algo peor aún), permítanme delinear algunos de los esquemas emocionales típicos de las mujeres, en comparación con los hombres.

1. Como dijimos en el capítulo 2, la capacidad reproductiva de la mujer la lleva a valorar más la estabilidad, la seguridad, y las relaciones permanentes. En otras palabras, las mujeres están más orientadas al *futuro*, a causa de su preocupación por los niños.

2. Relacionado con este primer punto, está el hecho de que la mujer invierte su energía emocional en el hogar, generalmente en mayor medida que su esposo. Es frecuente que ella se preocupe más que él por los detalles de la casa, el funcionamiento de la familia, y preocupaciones similares. Para mencionar un ejemplo personal, mi esposa y yo decidimos instalar un asador a gas en nuestro patio. Cuando el empleado de equipos de gas completó su tarea y se fue, Shirley y yo advertimos que había colocado el dispositivo unos quince centímetros por encima del nivel apropiado. Miré el aparato y dije: «Sí, es obvio que ha cometido un error.

Eso está demasiado alto. Dime querida, ¿qué vamos a cenar esta noche?» La reacción de Shirley fue totalmente diferente. «¡El plomero ha puesto esa cosa demasiado alta, y me parece espantoso!» Nuestras perspectivas tan distintas representaban las clásicas diferencias de intensidad emocional en asuntos relativos al hogar.

3. Cualquiera que tenga dudas respecto a las diferencias entre hombres y mujeres, debería observar cómo encaran un juego como el ping-pong, o juegos de mesa como Monopolio, dominó, la herradura, el voleibol o el tenis. Las mujeres a menudo usan el evento como una excusa para un tiempo de compañerismo y conversación placentera. Para los hombres, el juego es sinónimo de *conquista*. Aun si se trata de un encuentro amistoso en el jardín del dueño de casa, los surcos de transpiración en la frente de cada uno de los hombres evidencia la pasión de ganar que los mueve. Esta competividad agresiva ha sido atribuida a diferencias culturales. No creo que sea así. Como ha dicho Richard Restak: «En un cumpleaños del que participan niños de alrededor de cinco años de edad, habitualmente no son las niñas las que tiran del pelo, dan empujones o se arrojan comida».

4. Hombres y mujeres aparentemente difieren en la forma en que desarrollan su autoestima. Los hombres obtienen la necesaria evidencia de su valía principalmente de su trabajo: ser respetados en su negocio, profesión u oficio. Las mujeres, sin embargo, *especialmente las que son amas de casa*, dependen básicamente de la relación romántica con sus esposos para afianzar su autoestima. Esto explica porqué el contenido emocional de un matrimonio generalmente es mucho más significativo para una mujer que para un hombre, y porqué las muestras de afecto son más apreciadas por las esposas, que nutren su autoestima con estas expresiones de afecto y generosidad.

5. Pareciera que el instinto maternal opera en la mayoría de las mujeres, aunque se presenta con más fuerza en unas que en otras. El deseo de procrear es evidente en las mujeres aptas para concebir. Recibo permanentemente cartas de mu-

jeres que se sienten frustradas por su incapacidad de concebir. Si bien la cultura juega un enorme papel en esos anhelos, creo que están enraizadas en la anatomía y fisiología femeninas.

6. Quizás las diferencias más dramáticas entre hombres y mujeres sean sus divergencias en preferencias sexuales. El hombre está más orientado a lo visual, y le interesa menos el componente romántico. La mujer no se siente atraída a una fotografía de un modelo anónimo o de un apuesto desconocido, sino a un hombre *concreto* con el que ha establecido un vínculo emocional. Esta orientación diferente es apenas la punta del iceberg en las peculiaridades sexuales que distinguen a hombres y mujeres.

Estos puntos son ilustrativos, y no pretenden constituir una presentación científica de las diferencias entre los sexos. Invito al lector a agregar sus propias observaciones a esta lista, y a hacer sus propias interpretaciones.

Conclusión

A modo de resumen de estos capítulos que tratan con la identidad masculina y femenina, quisiera ofrecer dos *opiniones* en relación con el liderazgo masculino. Son las siguientes:

1. A causa de la naturaleza frágil del ego masculino, y de la enorme necesidad que tiene el hombre de sentirse respetado, en combinación con la vulnerabilidad de la mujer y su necesidad de ser amada, creo que es un error juguetear con la tradicionalmente aceptada distinción entre el papel del hombre como protector afectuoso, y la mujer como receptora de esa protección.

2. Puesto que el barco se hunde cuando hay dos capitanes, o el caldo se arruina si hay dos cocineros, creo que el hogar debe tener un líder cuyas decisiones prevalezcan cuando haya diferencias de opinión. Si entiendo correctamente las Escrituras, ese papel ha sido asignado al hombre. Sin embargo, no debe provocar el amotinamiento de su tripula-

ción, a causa de su trato rudo y desconsiderado. Debiera, en realidad, poner el bienestar de su familia por encima del suyo, y estar dispuesto a dar su vida por ellos si fuera necesario. No hay ningún pasaje de las Escrituras que lo autorice a transformarse en un dictador o esclavista.

He visto funcionar bien una variedad de combinaciones del equipo femenino-masculino en algunas familias, pero he visto demasiadas complicaciones en aquellos matrimonios en que el hombre era pasivo, débil, sin condiciones para el liderazgo. Ninguna de las alternativas modernas ha superado al modelo tradicional del papel masculino, tal como se decribe en el Buen Libro. Después de todo, fue inspirado por el Creador de la humanidad.

Si esto es ser machista, chovinista, estereotipado, acepto los cargos. (Por favor dirija la correspondencia negativa a mi secretaria, que mantiene un archivo especial al efecto.)

15

¿Qué pasó con el movimiento de liberación femenina?

Me he referido varias veces al ya fenecido Movimiento de Liberación Femenina, que estaba en su apogeo cuando escribí primero este manuscrito. Dejó sus huellas antes de desaparecer de la escena, pero el público general advirtió rápidamente que el enfrentamiento entre los sexos, la ideología lesbiana, y aun la Enmienda por los Derechos Igualitarios, no iba en favor de los mejores intereses de la sociedad. Desafortunadamente, muchas personas crédulas fueron atrapadas en la red antes de que abrieran los ojos. Algunos todavía están pagando el precio de los errores que se cometieron entonces.

El mejor testimonio que he leído al efecto fue escrito por Kay Ebeling y publicado en *My Turn* («Mi Turno»), una sección de la revista *Newsweek*, el 19 de noviembre de 1990. Dejaré que ella misma hable desde la ventajosa posición de los años noventa.

El fracaso del feminismo

El otro día tuve la cita a ciegas más veloz del mundo. Un *yuppie* de la ciudad de Eureka me había citado para conversar cincuenta minutos un día viernes; nos encontramos en un balneario en la zona rural del norte de California, en el pueblo de Arcata. El llegó apurado, sacó su abarrotada agenda y empezó a dispararme preguntas, observando mis reacciones como si se tratara de una entrevista laboral. Controlaba de reojo cuánto bebía. Luego se evaporó hacia su próximo compromiso. Nos había concedido la gracia de cincuenta minutos para evaluarnos mutuamente y considerar la posibilidad de un romance. Salió tan apurado que dejó que la puerta rebatiera sobre mi cara. Fue un portazo muy significativo.

La mayor parte de nuestro diálogo cubrió el área de las relaciones cambiantes entre hombres y mujeres. Este hombre tenía cuarenta años y pertenecía a la «Generación experimental». Se encuentra «activamente buscando nuevas formas de interacción entre hombres y mujeres ahora que las viejas tradiciones ya no existen» fue eso lo que dijo, cuando le pregunté qué le gustaba hacer. Este hombre leía revistas feministas y creía cada palabra de lo que decían. Había sido soltero durante dieciséis años aunque había vivido con algunas mujeres durante ese tiempo. Esa noche partía para pasar un fin de semana esquiando, con una mujer que pagaba sus propios gastos para el encuentro.

Yo también pertenezco a la «Generación experimental», pero no podría pagar ni siquiera mis propios tragos. A mi juicio, el feminismo ha traicionado a las mujeres. En 1973 abandoné lo que pudo haber sido un excelente matrimonio, llevándome un bebé de pañales, un auto viejo y el primer número de una revista feminista. Me habían convencido de que podía manejarme por mi cuenta. En los últimos quince años mi ex se ha casado o ha vivido sucesivamente con varias mujeres. A medida que él envejece, ellas quedan en los veinte. Mientras tanto, yo he permanecido sola. El conduce un Mercedes. Yo viajo en ómnibus.

Hoy considero que el feminismo es el «Gran experimento fracasado», y las mujeres de mi generación, que lo produjeron, son sus víctimas. Muchas de nosotras, incluida yo misma, estamos condenadas a criar solas a nuestros hijos. La pobreza resultante nos hace expertas en recetas de harina de maíz, y en cómo encontrar formas gratis de recrearse el fin de semana. Por su parte, los hombres solos de nuestra generación amasan fortunas en aventuras financieras y empresarias, de modo que pueden darse escapadas lujosas los fines de semana. El feminismo liberó a los hombres, no a las mujeres. Los hombres ya no tienen el problema de mantener a sus esposas y familias. Después del nacimiento de su hijo, si la esposa no vuelve a la cinturita de avispa que tenía, él está en libertad para salir a buscarse otra. Es mucho más difícil para la mujer, ahora atada a un bebé, encontrar un nuevo hombre. Mi galán de ese viernes me saludó con la mano desde su coche deportivo. Caminé de regreso a casa y le pagué a la niñera con un vuelto de la lavandería.

El principal mensaje del feminismo era el siguiente: mujer, no necesitas del hombre. Los que ahora andan por los cuarenta, ¿recuerdan aquella frase: «¿Será una mujer sin un hombre como un pez sin bicicleta?» Esa broma circuló entre los grupos de «concientización» por todo el país durante la década del 70. Esta filosofía tornaba el divorcio y la convivencia cosas casuales y rutinarias. El feminismo transformó a las mujeres en algo de lo cual disponer y deshacerse. Así es como hoy muchas mujeres de alrededor de cuarenta están solas y criando uno o más niños por sí mismas. La pensión que pasan los padres puede pagar un par de zapatos nuevos, pero en general, el feminismo les cedió todas las ventajas personales y financieras a los hombres.

Lo que es peor, nosotras mismas lo quisimos así. Muchas mujeres decidieron: no se necesita una familia estructurada para criar a los hijos. En consecuencia, despacharon a los niños a las guarderías donde podían ser atendidos y criados por profesionales. Luego nos pusimos traje y corbata, tomamos un maletín y nos embarcamos en el «Gran experimento», convencidas de que no había diferencia alguna entre nosotros y los hombres en ningún oficio.

«La cosa biológica»: Cómo nos equivocamos. Nos guste o no, las mujeres tienen bebés. Esa cosa biológica que está simplemente ahí, esos órganos con los que nacimos. La verdad es que una mujer no puede vivir una verdadera vida feminista a menos que niegue su biología femenina que la hace capaz de engendrar niños. Es decir, tiene que vivir tomando la píldora, o hacerse atar las trompas desde joven. Entonces sí puede competir con los varones en una carrera ininterrumpida, y de esa forma cuando llegue a los treinta podrá pagarse sola su salida de fin de semana.

La realidad del feminismo es que hay un montón de mujeres frenéticas y sobrecargadas que abandonan a sus niños en las guarderías infantiles. Si el niño está enfermo, simplemente lo mandan con unas aspirinas y luego parten apuradas a sus trabajos mal pagados que ni siquiera disfrutan. Dos de mis amigas que son madres y trabajan afuera me dijeron que trabajan limpiando pisos y ordenando ropa en la lavandería hasta pasada la medianoche. Duermen cinco horas por día, y se les nota en la cara. ¡Y tienen maridos! No estoy proponiendo que las mujeres vuelvan a ser las amas de casa descerebradas de los años 50, que pasaban la tarde horneando y archivando recetas. Las mujeres de posguerra fueron las primeras en obtener mucho tiempo libre, y no fueron muy creativas para ocuparlo. Quizás el movimiento feminista haya sido una reacción a la vida aburrida del ama de casa, especialmente tal como se la mostraba en los medios. En ese sentido, el feminismo hizo una contribución positiva.

Las mujeres deberían educarse para que sean más alertas en la crianza de sus hijos. Las mujeres pueden iniciar pequeñas empresas, ser consultoras, escribir por su cuenta. Pero no le cabe a la mujer pasar doce horas en cargos ejecutivos, y no logro entender qué nos hizo pensar que nos gustaría ocupar esas posiciones. Mientras tengamos nuestra biología femenina incorporada, los mujeres no podremos competir en igualdad de condiciones con los hombres. No se pueden comparar cosas desiguales. Y los hombres y mujeres *no* somos iguales, somos diferentes. Hasta se podría beneficiar la economía si las mujeres volvieran al hogar, dejando esos puestos a los hombres, que entonces podrían mantener a sus esposas e hijos, como en la época pre-feminista.

A veces, los sábados por la noche, me visto y salgo a dar vueltas, o al teatro, pero cuando veo a todas esas otras mujeres de mi edad, vestidas como si fueran un poco más jóvenes, maquilladas para ocultar las inevitables arrugas, mirando esperanzadas en la multitud... casi siempre me deprimo. Termino volviéndome a casa, para pasar la noche del sábado con mi hija dormida en la habitación de al lado. Al menos los programas de televisión de esa hora tienden a satisfacer a mujeres que están solas en sus casas.

Kay Ebeling ha sido jefe de edición y funcionaria del Departamento de Información Pública; ahora vive sola y es madre de una hija de tres años. Su hijo de dieciocho ha vivido con su papá desde los cinco años, cuando Ebeling tuvo que tomar un trabajo de tiempo completo. «Era realmente irónico», dice. «Renuncié a la custodia de mi hijo para perseguir el sueño feminista de una carrera "sin obstáculos". Luego me hice adicta al trabajo, tratando de encontrar en él la gratificación que había perdido al renunciar a mi hijo». Ahora escribe por su cuenta, y ocasionalmente se ocupa de cuidar niños, para completar sus ingresos y poder seguir siendo una madre de «tiempo completo».

El hombre y
sus emociones

16

El hombre en la mediana edad

Recordará que empezamos nuestro análisis en el primer capítulo considerando mi propia «evaluación» en la mediana edad, y algunas de las reacciones que observé en mis amigos durante este inestable período. No hemos examinado, hasta aquí, qué es propiamente la crisis de la mediana edad, ni las fuerzas que la ponen en marcha. La pregunta que debemos contestar es: ¿por qué tantos hombres tienen que golpearse la cabeza contra la misma piedra archiconocida?

Antes de explicar el significado de la crisis de mediana edad, consideremos primero la situación de un niño al nacer. Aunque acaba de aparecer en escena, ya puede anticiparse mucho de lo que le sucederá en los próximos veinte años. Podemos predecir, con bastante grado de acierto, que pasará por la mayoría de los períodos de tensión y conflicto que han pasado los demás niños y niñas. Luchará para abrirse paso los primeros años, luego se deslizará por el período más tranquilo de la escuela primaria, antes de ser asediado por la pubertad. La etapa de la temprana adolescencia probablemente sea tormentosa, y luego seguirán los inquietantes años de dejar el hogar. Este accidentado curso desde el nacimiento a la adultez ha sido exhaustivamente estudiado tramo por tramo. Quedan pocas sorpresas en la ciencia del desarrollo infantil.

En cambio, hace muy poco que hemos empezado a reconocer que la *adultez* también se caracteriza por períodos predecibles de quietud y otros de tensión. El recorrido no está tan bien trazado para hombres y mujeres como lo ha sido ya para los niños, pero el mapa empieza a tomar forma. Ahora sabemos que la edad de la madurez se caracteriza por alternantes períodos de equilibrio y desequilibrio, y que la experiencia humana ofrece notables similitudes entre las distintas personas. El apóstol Pablo se refirió a estas situaciones comunes, cuando escribió: «No os ha sobrevenido ninguna tentación que no sea humana» (1 Co. 10.13).

Otros libros han intentado describir la travesía completa desde la juventud a la vejez (por ej. *Passages*, de Gail Sheehy, y *Stages*, de John Claypool). Nuestro interés aquí se limitará al breve tramo que conocemos como la mediana edad, y que puede ser especialmente accidentado para la mayoría. Tanto hombres como mujeres pueden anticipar que recibirán empellones y sacudidas mientras atraviesen este tramo no pavimentado de la ruta. Las mujeres experimentan estas tensiones durante el desequilibrio que produce la menopausia, cuando empieza a desaparecer la capacidad reproductiva.

En este análisis, sin embargo, nuestro énfasis será sobre la crisis *masculina* de la mediana edad. Se trata de un asunto vital, especialmente para aquellos que están aproximando su tercera, cuarta (y aun quinta) década de vida. Lee Stockford informó de las conclusiones de tres estudios que abarcaban más de 2,100 personas y concluyó que el 80 porciento de los ejecutivos entre los 34 y los 42 años de edad experimentaban algún grado de trauma de mediana edad. Esta evaluación coincide con mis propias observaciones, especialmente entre los hombres muy motivados hacia el trabajo, empresarios exitosos, y profesionales.

Para aquellos hombres y sus esposas que quisieran comprender mejor las tensiones que he descrito, recomiendo el excelente libro de Jim Conway, *Men in Mid-Life Crisis* («Los hombres en la crisis de la mediana edad»).

El Dr. Conway es un pastor que atravesó su propia crisis de la mediana edad y sobrevivió para contarlo. Su libro es el mejor que he leído sobre el tema y será de mucha ayuda a aquellos que ya han alcanzado esta etapa en su travesía.

Después de leer el libro de Conway, dediqué varios programas de la radio a este tema. Me llegó literalmente una avalancha de cartas y llamados telefónicos durante el mes siguiente. Los hombres escribían para decir: «Yo lo estoy viviendo», y las esposas preguntaban: «¿Cómo puedo ayudar a mi esposo durante esta horrible experiencia?»

Con permiso del Dr. Conway, he decidido repasar los conceptos más importantes de su libro*, y luego agregaré mis propias sugerencias e interpretaciones. Comencemos con la pregunta clásica: «¿Qué es la crisis de la mediana edad?»

Es un tiempo de intensa evaluación personal en el que surgen en la mente pensamientos perturbadores y atemorizantes, y nos planteamos interrogantes respecto a quiénes somos, para qué estamos donde estamos, y de qué vale todo esto. Es una etapa de dudas y de desencantos respecto a todo lo que nos es familiar y estable. Implica pensamientos aterrorizadores que no se pueden dar a conocer ni admitir siquiera a las personas más allegadas. Esa ansiedad a menudo produce un incómodo distanciamiento de los seres queridos, precisamente cuando más desesperadamente necesitamos su apoyo y comprensión.

Conway identifica cuatro «enemigos» mayores que atacan al hombre que va entrando a la mediana edad. El

---

* El siguiente análisis está basado en *Men in Mid-Life Crisis*, de Jim Conway, Co. 1978, David C. Cook, Elgin, Illinois, 60120. Usado con permiso.

primero es su propio cuerpo. No cabe duda de que el muchacho que creía que siempre iba a ser joven, ahora está envejeciendo. Pierde el cabello, pese a los desesperados intentos de mimar y proteger cada hebra restante. «¿Yo, calvo?» se pregunta tembloroso. Luego advierte que ya no tiene la energía que tenía antes.

Empieza a agitarse en las escaleras. Poco después, las palabras adquieren nuevos significados. «Rolling Stones» ahora es lo que tiene en la vesícula*, y «acelerar» (que antes se refería a las anfetaminas, y a conducir el auto a toda velocidad) ahora alude a la compota de ciruelas. Cuando está en viaje de negocios, la azafata le ofrece «café, té, o leche de magnesia». Las células de la cara se encogen y toman aspecto invernal, y el hombre se queda deprimido e impresionado, mirando descreído el espejo que tiene tan cerca.

Por supuesto que estoy gastando bromas, pero no tanto. Si creía que sólo las mujeres se deprimen cuando se ven envejecer conoce poco de la especie masculina. También los hombres se sienten afectados cuando advierten que pronto perderán el atractivo frente al sexo opuesto... que la fuerza y la vitalidad física van declinando... que la dorada edad de la juventud llegó y pasó velozmente. Esta percepción se vuelve innegable durante el período que va entre los treinta y cinco y los cuarenta y cinco años de edad. Hasta entonces, un hombre atlético todavía puede competir en los deportes con sus amigos más jóvenes. Pero de pronto, por razones que no sabría explicar, el deterioro se vuelve más evidente en este «Valle de sombras».

Consideremos, por ejemplo, el caso de Mohamed Alí, que fue campeón de pesos pesados a los treinta y cinco, pero fue barrido al año siguiente por un muchacho (Leon Spinks), y se retiró a los treinta y siete. Jerry West y John Havlicek, que a los treinta y cinco eran dos de las mejores defensas de la historia en el equipo de baloncesto de la NBA, quedaron afuera a los treinta y siete. John McEnroe y Jimmy Connors

---

*Juego de palabras entre el nombre del conjunto musical y la palabra «piedras» o cálculos *(stones)*. (N. del T.)

también siguieron la curva de la naturaleza, lo mismo que Sugar Ray Leonard, y Marvin Hagler, el Maravilloso. El esquema se repite docenas de veces por año. Una superestrella que mantenía en vilo a sus fanáticos *de pronto* se torna demasiado viejo para competir. Y es uno más que dice adiós a las tribunas.

Aquellos que nos ganamos la vida en tareas menos atléticas somos menos vulnerables al envejecimiento, pero muy adentro nuestro sabemos que estamos cambiando. Nuestros padres a menudo experimentan su primer ataque cardíaco cuando nosotros estamos en la mediana edad, lo que nos deja intranquilos respecto a esa bomba que late en nuestro propio pecho. Un aviso publicitario de un desodorante decía: «¿Dónde estará cuando deje de funcionar?» Todo hombre de mediana edad se ha hecho esta pregunta respecto a su corazón. Algunos, como yo mismo, hemos pasado por «El ataque».

Resumiendo esta primera gran preocupación de la mediana edad, un hombre que se acerca a los cuarenta está forzado a admitir: (1) que está envejeciendo; (2) que los cambios producidos por la edad no son atractivos ni provechosos; (3) que en un mundo que asocia el valor de la persona con la juventud y la belleza, esta situación lo empuja hacia una pérdida de autoestima; y (4) que la vejez está a menos de dos décadas de distancia, con la perspectiva de las enfermedades y la muerte. Cuando un hombre enfrenta este paquete por primera vez, seguramente experimentará *alguna* clase de repercusión emocional.

El segundo enemigo que enfrenta un hombre en la mediana edad es su trabajo. Sistemáticamente se harta de su trabajo y se siente atrapado en el campo que antes había elegido. Muchos funcionarios y empleados públicos añoran haber tenido la oportunidad de estudiar medicina, abogacía u odontología. No se dan cuenta de que los médicos, abogados y ortodoncistas a menudo lamentan no haber elegido ocupaciones menos exigentes... tareas que no les impusieran la constante amenaza de juicios por mal desempeño profesional... trabajos que les dejarán tiempo para la recreación y los pasatiempos. Esta inquietud ocupacional alcanza su punto más alto, en todos los niveles socioeconómicos durante la mediana edad, cuando se instala una novedosa percepción de la brevedad de la vida, que impulsa al hombre a no querer desperdiciar ni uno solo de los días que le quedan. Pero, por otro lado, no tiene mucho margen de opción. Las necesidades financieras de la familia son tan grandes que tiene que seguir luchando... para que los hijos puedan estudiar en la universidad... para pagar la casa... para no perder el nivel de vida que han alcanzado... para mantener a sus padres ancianos. Así, sus emociones quedan atrapadas en una tensión que no puede resolverse.

La reacción más común de un hombre a esta frustración, es buscar una válvula de escape. Algunos esposos abandonan el hogar sin decir a sus seres queridos a dónde se van. Otros hacen cambios radicales en sus empleos, perdiendo quizás años de aportes jubilatorios o los beneficios de la antigüedad laboral. Pero la mayoría se mantiene donde está. Sólo se quejan y se deprimen y amenazan con marcharse... pero al día siguiente están ahí otra vez. Si presta atención los escuchará murmurar: «¡No me gusta pero lo tengo que hacer!»

Hay otro aspecto más del trabajo de un hombre durante la mediana edad, vinculado con sus sueños. Cuando era joven, tenía la expectativa de ser el Presidente, o al menos un millonario para cuando llegara a los treinta. Pero a medida que se le va pasando el tiempo, advierte que nunca concretará sus fantasías, y que más bien el nivel que ha alcanzado *hoy* probablemente sea la marca récord de su vida. Sí señor, hasta aquí llego. Podemos entender claramente por qué Conway considera que el trabajo es uno de los enemigos del hombre durante esta etapa de transición.

El tercer enemigo que se levanta a confrontar a un hombre de mediana edad es, créase o no, su propia familia. Estos años tormentosos de pérdida de autoestima y mucha introspección, pueden ser devastadores para el matrimonio. Un hombre en esta situación a menudo se torna molesto, deprimido y rebelde hacia aquellos que está más cerca de él. Se resiente por el hecho de que su esposa y sus hijos lo necesiten. No importa cuánto se esfuerce, siempre están requiriendo más dinero del que puede ganar, y eso lo irrita más aun. En un momento en que está pasando por una actitud egoísta y necesita satisfacer sus propias necesidades, parece que cada miembro de la familia tironeara para recibir lo suyo. Hasta sus propios padres se han vuelto ahora una carga económica y emocional. Una vez más, está apremiado por la urgencia de correr.

En este momento tan delicado de la vida de un hombre, Satanás echa mano a su horrible bolsa de trucos, y saca a relucir la más sucia de sus sugerencias: el adulterio. Qué vil alternativa para instalar en la atribulada mente de un esposo y padre en esta época de desencantos. Esa preciosa y joven secretaria, que tiene sus propias necesidades emocionales, y que tiene un poder enorme para suavizar sus heridas y reconstruir su amor propio. Ella le ofrece el escape definitivo de esta opresiva mediana edad. Pero el precio que ella y su amante pagarán por esta aventura ilícita será enorme. Cuando la pasión haya cumplido su ciclo, tendrán que enfrentar a los cónyuges que han traicionado, a los niños que han abandonado, y al Dios al que han desobedecido. Las consecuencias de su pecado repercutirán a través de la eternidad, lastimando tanto a personas inocentes como a las culpables.

Conway nos informa que la aventura del rey David con Betsabé, que condujo finalmente al asesinato de su esposo, comenzó con una profunda crisis de mediana edad. Los escritos del rey David revelan las luchas típicas por las que atraviesa un hombre de esa edad. Escribió en los Salmos: «Pues mi vida se acaba como el humo... mis días pasan como una sombra; me voy marchitando como la hierba... El me ha quitado fuerzas a medio camino; ha hecho más corta mi vida» (Sal. 102.3, 11, 23, VP).

En semejante estado de vulnerabilidad, David, que se paseaba por la terraza, alcanzó a ver a Betsabé, que se estaba bañando. El resto de este sórdido suceso ya es historia. Fue la falta que enturbió la biografía de un hombre sobresaliente, según la resuelta declaración de 1 R. 15.5: «Pues David se había conducido de manera digna de aprobación por parte del Señor... excepto en el asunto de Urías el hitita» (Urías era el esposo de Betsabé a quien David mandó matar cuando supo que ella había quedado embarazada).

Es importante entender que David y Betsabé cayeron en este pecado porque estaban *listos* para entrar en una aventura. David, que tenía literalmente cientos de esposas y concubinas, tenía el derecho de poseer a cualquier mujer soltera del país. Pero él quería tener a la esposa de Urías —no porque *ella* fuera diferente, sino porque *él* era diferente. Su ego deteriorado necesitaba lo que ella podía ofrecerle en ese preciso momento. Y en cuanto a Betsabé, no olvidemos que su esposo estaba en la guerra. Probablemente se sentía sola y deprimida esa noche apasionada. ¿Por qué, si no, se estaría bañando a la vista del rey?

Lo que Conway señala, y es innegable, es que un hombre y una mujer cometen adulterio cuando están emocionalmente *listos* para ello. «Invariablemente, un conjunto de circunstancias los predispone, como a David, y piensan en la aventura como una manera de satisfacer la ansiedad que sienten». El que lee estas líneas, no se descuide.

El cuarto y último enemigo de un hombre en su mediana edad parece ser Dios mismo. Por una extraña manipulación de la lógica, el hombre culpa a su Creador por todos sus problemas, y se acerca a él con rebeldía y enojo. A su vez, se siente condenado, abandonado, rechazado por Dios. En consecuencia, su fe se debilita y su sistema de valores se derrumba. Esto explica, más que cualquier otro factor aislado, los cambios radicales de comportamiento que a menudo acompañan los conflictos de la mediana edad.

Permítame dar a este último aspecto el énfasis más marcado posible. Una de las observaciones más frecuentes que hacen mis parientes y amigos respecto a los hombres en la crisis de la mediana edad, alude a esta repentina transformación de la personalidad y el comportamiento.

«No entiendo qué le pasa a Lorenzo», dice una esposa. «Parece haber cambiado de la noche a la mañana; de ser un hombre estable, un esposo y padre afectuoso, se ha transformado en un vago irresponsable. Dejó de ir a la iglesia. Empezó a flirtear abiertamente con otra mujer. Ha perdido interés en nuestros hijos. Hasta se viste a la moda, con extravagancia. Ha empezado a peinarse hacia adelante para ocultar la pelada, y compró un auto deportivo que no cabe en nuestro presupuesto. Simplemente no entiendo qué le pasó de pronto a mi esposo tan confiable».

Obviamente, este hombre ha experimentado los cambios que hemos descrito, pero su problema *básico* es de índole espiritual. Como su sistema de creencias se ha desintegrado, su compromiso con los conceptos basados en la Biblia se ha debilitado también. Monogamia, fidelidad, responsabilidad, vida después de la muerte, negación del yo, testimonio cristiano, honestidad absoluta y docenas de otros elementos que conformaban su fe, de pronto han perdido validez o están bajo sospecha. El resultado ha sido este repentino y catastrófico cambio en su estilo de vida, que deja a la familia y a los amigos en un estado de confusión y perplejidad. Este cuadro ha ocurrido en miles de familias en los últimos años.

Pasemos ahora de la descripción del problema, a algunas sugerencias que quisiera hacer a quienes han experimentado estas dificultades. Volviendo a mi recomendación previa, estimulo a todos (hombres y mujeres) a leer el libro de Conway. Este autor dedicó 300 páginas a un tema al que yo sólo podría dedicar uno o dos capítulos. En las páginas finales de *Men in Mid-Life Crisis*, Conway enumera diez sugerencias bajo el título «Lo que me ayudó a mí». Allí analiza el valor terapéutico del ejercicio físico, los nuevos desafíos, la música, los diálogos, el descanso, la lectura bíblica y la oración, para restablecer el equilibrio personal. No voy a repetir esos conceptos aquí, pero quiero en cambio enfatizar dos factores a los que quizás Conway haya subestimado.

Primero, quiero abiertamente ofrecer *esperanza* al hombre que está en medio de la crisis. Así como los científicos conductistas podían predecir cómo sería la travesía durante esta conflictiva etapa, nosotros también podemos anticipar cómo saldrá de ella. Es de ayuda hacer una analogía con la adolescencia: ambos períodos son períodos relativamente breves, vinculados a etapas de transición, que producen mucha ansiedad, dudas de sí mismo, introspección, e intranquilidad. Afortunadamente, ni la adolescencia ni la mediana edad constituyen una trampa que retiene definitivamente a sus víctimas. En cambio, se las puede considerar como puertas a través de las cuales pasar y de las cuales saldremos hacia adelante. Lo que estoy diciendo es que la *normalidad regresará* (a menos que cometa algunos graves errores en su desesperado intento de salir a flote).

En segundo lugar, siento la necesidad de subrayar lo que considero es *la* razón fundamental de la crisis de mediana edad: es producto de lo que la Biblia llama «construir la casa sobre la arena». Es posible ser un seguidor de Jesucristo y aceptar su perdón del pecado, y sin embargo seguir profundamente influenciado por los valores y actitudes de la cultura que nos rodea. Así, un joven esposo y padre cristiano puede volverse adicto al trabajo, avaro, ansioso por la posición social, aferrarse a la juventud, o amar el placer. Estas tendencias quizás no reflejen sus elecciones y deseos conscientes; son el sello de los valores de una sociedad perversa sobre su vida y sus etapas.

Pese a sus actitudes no cristianas, este hombre puede dar la impresión de que «todo está bien» durante sus primeros quince años de adultez, especialmente si tiene éxito en sus objetivos laborales. Pero corre serios riesgos. Siempre que construimos nuestra vida sobre valores y principios que contradicen la sabiduría largamente probada de la Palabra de Dios, estamos levantando cimientos sobre la arena. Tarde o temprano, las tormentas van a rugir sobre la estructura que hemos construido laboriosamente, y nos vamos a derrumbar con una caída estrepitosa.

Dicho en pocas palabras, la crisis de la mediana edad probablemente sea más grave en aquellos cuyos valores reflejan las perspectivas temporales de este mundo. Un hombre no llora por la pérdida de la juventud, por ejemplo, si cree honestamente que su vida no es más que una preparación para un vida mejor más allá. Dios no se vuelve enemigo para un hombre que ha caminado y conversado con él diariamente en comunión y amor. La relación entre un hombre y su esposa sufre menos tensiones en la mediana edad si han protegido y mantenido una verdadera amistad desde que se casaron. En resumen, la crisis de la mediana edad representa el momento en que un hombre toma conciencia de valores equivocados, metas inútiles, actitudes impías.

Quizás esto explica mi observación de que la mayoría de los hombres atrapados en la crisis de mediana edad son adictos al trabajo desde hace mucho tiempo. Han construido sus poderosos castillos en la playa arenosa del materialismo, que depende del dinero, de la posición, del progreso, del éxito, para satisfacer de esa forma todas sus necesidades. No han reservado tiempo para su esposa, para sus hijos, para sus amigos, ni para Dios. ¡Adelante! ¡Lucha! ¡Esfuérzate! ¡Planifica! ¡Invierte! ¡Prepárate! ¡Anticípate! ¡Trabaja! A los días de catorce horas laborales se agregaron los fines de semana en la oficina, las vacaciones suspendidas, y los desvelos. Luego, después de veinte años de esta existencia distorsionada, de pronto se tienen que plantear el valor de todo lo que hicieron. «¿Es esto realmente lo que quiero hacer de mi vida?» Demasiado tarde, advierten que han trepado frenéticamente la escalera del éxito, sólo para descubrir que estaba apoyada en la pared equivocada.

Quizás el lector entienda ahora porqué ataco tanto el exceso de dedicación laboral a lo largo de todo este libro. En el mundo occidental, éste es el villano que destruye el matrimonio, la devoción cristiana, la salud emocional, el bienestar de los hijos. En mi opinión, el exceso de trabajo es la nota amarga en la sinfonía de los valores occidentales. Puede lograr que un hombre de cuarenta años sienta deseos de correr a esconderse.

Cruzando los campos del ayer
A veces se me acerca
Un pequeñuelo que ha estado jugando
El muchachito que supe ser

Me sonríe pensativo
Y una vez llegó a llorar
Es como si hubiese querido ver
Al hombre que debí haber sido.

Anónimo

17

El hombre y sus emociones

¿Ha estado alguna vez parado fuera de la casa, al atardecer, y ha escuchado el zumbido de un mosquito que pasa cerca de su oído?

«Está a punto de picarme», piensa.

Justo entonces, siente que se ha asentado en su antebrazo y mira hacia abajo de inmediato. Para su sorpresa, el insecto no está allí. En realidad, sólo imaginó que se había asentado.

En otro contexto, ¿se ha despertado alguna vez después de una pesadilla, respirando agitado sobre la cama? Presta atención a los sonidos en la noche, y se pregunta si el sueño estaría basado en la realidad. Luego, repentinamente, tal como lo esperaba, se oye un golpe en el lado oscuro de la casa. Una hora más tarde, llega a la conclusión de que en realidad no había nadie allí.

Las emociones son fuerzas poderosas que anidan en la mente humana. El temor, especialmente, tiene una forma notable de generar evidencias y respaldarse a sí mismo. Los médicos y psicólogos en su práctica clínica pasan buena parte del tiempo convenciendo a los pacientes que los diagnósticos que han hecho de sí mismos no son acertados, que los síntomas son imaginarios o psicosomáticos.

Hasta las personas jóvenes y valientes caen en este engaño. Mi buen amigo Steve Smith ganó una medalla de bronce por mérito al coraje en combate en Vietnam. Sin embargo, la primera noche que pasó en aquel país desgarrado por la guerra no fue precisamente una noche para condecorar por su valentía. Su compañía nunca antes había visto un combate real, y los hombres estaban aterrorizados. Cavaron las trincheras y observaron nerviosos cómo se ponía el sol detrás del horizonte. Aproximadamente a la medianoche, el enemigo atacó como esperaban. Los rifles empezaron a resplandecer a un lado de la montaña, y en seguida los soldados estaban disparando frenéticamente y arrojando granadas de mano hacia la oscuridad. La batalla fue apagándose a lo largo de la noche, y al parecer la infantería llevaba la delantera. Finalmente, el sol tan ansiado apareció y empezó el recuento de los cuerpos. Pero no había un solo enemigo muerto en el filo de la montaña. En realidad, no había habido ningún ataque enemigo. La compañía de boinas verdes había peleado contra la noche... y había ganado.

Un último ejemplo de cómo las emociones controlan la razón. La ciudad de Los Angeles estuvo paralizada por el terror en 1969, cuando Charles Manson y su «familia» mataron a Sharon Tate y a sus amigas, y descuartizaron a Leno y Rosemary La Bianca a sangre fría. Los residentes se preguntaban quién sería el próximo. Mi madre estaba bastante convencida de que ella era la candidata preferida. Lo cierto es que mis padres escucharon al intruso una noche mientras estaban ya en la cama. «¡Tum!» se oyó el ruido en la zona de la cocina.

«¿Oíste eso?», preguntó mi madre.

«Sí, quédate quieta», respondió mi padre.

Allí se quedaron mirando hacia el cielo raso oscuro, respirando entrecortadamente y atentos a nuevas señales. Un segundo golpe los hizo ponerse en pie de un salto. A tientas llegaron a la puerta del dormitorio, que estaba cerrada. Allí se puso de manifiesto una diferencia clave en la manera en que papá y mamá enfrentaban una crisis de esta índole. La tendencia de mamá era mantener la puerta cerrada para evitar que el intruso entrara a la habitación. De modo que ella acercó el pie contra la base de la puerta y apoyó su peso en la parte superior. La actitud de mi papá era enfrentar directamente al agresor. Fue directo al picaporte, pero su intento encontró la resistencia de mi madre.

Mi padre supuso que alguien mantenía la puerta cerrada desde el lado de afuera. Mi aterrorizada madre, por su parte, sentía que el asesino trataba de forzar la puerta. Mis padres estaban allí en la total oscuridad de la medianoche, forcejeando uno contra el otro mientras imaginaban que estaban en feroz lucha contra un criminal. Mamá entonces decidió abandonar el barco. Soltó la puerta y corrió a la ventana para gritar con toda la fuerza de sus pulmones. Tomó aire como para convocar a toda la ciudad de Pasadena, cuando advirtió que se había encendido la luz detrás de sí. Al girar vio que mi papá había pasado al otro sector de la casa en busca del intruso. Obviamente pudo abrir la puerta en el momento en que ella la había liberado. Por supuesto, no había merodeador alguno. Nunca supieron qué habían sido los golpes y Charles Manson jamás concretó su anunciada visita.

Quisiera personalizar el asunto que estamos tratando. ¿Qué temores imaginarios está respaldando *usted* en base a evidencias fraguadas? ¿Qué papel juegan las emociones desenfrenadas y descontroladas en su propia vida? Es probable que lo que siente, bueno o malo, sea una fuerza poderosa que moldea su comportamiento cotidiano. La experiencia emocional en el mundo occidental se ha vuelto *la* motivación primaria de los valores y las acciones, y aun de las creencias espirituales. Más aún (y este es el asunto central) vivimos en una época en la que se nos insta a liberar nuestras emociones... a concederles un poder aún mayor para controlar nuestro destino. Incluso en la década del noventa, todavía podemos ver evidencias del egoísmo que caracterizaba a décadas pasadas, que nos impulsaban a «satisfacer...» a dar rienda suelta a los deseos que tenemos dentro. La popular canción de los setenta que cantaba Debbie Boone, *You Light Up My Life,* decía: «No puede ser malo porque me *siento* muy bien». (El asesinato de los judíos probablemente les parecía bueno a los nazis en la época de Hitler.) De hecho, la mayoría de las canciones románticas sostienen que el compromiso mutuo se basa en la excitación que siente la pareja. Por lo tanto, cuando se evapora la sensación, también se evapora la relación. En contraste, la mejor pieza literaria jamás escrita sobre el tema del amor, el capítulo 13 de 1 Corintios, no incluye ni una sola referencia a las sensaciones: «Tener amor es saber soportar; es ser bondadoso; es no tener envidia, ni ser presumido, ni orgullosos, ni grosero, ni egoísta; es no enojarse ni guardar rencor (1 Co. 13.4-5, VP).

Una de las corrientes sociales más destructivas y absurdas de nuestro siglo fue el así llamado concepto de autorrealización, que estimulaba la libre expresión de las emociones, liberándolas de la represión y la inhibición. Este movimiento psico-popular, tan difundido en San Francisco y otras ciudades de California en años pasados, nos insta a entrar en contacto con nuestras emociones... expresarlas abiertamente... a mostrarlas tal como son. Hemos pasado por aquello de los «encuentros grupales» donde se estimulaba a los participantes a atacarse unos a otros, a llorar y dar alaridos, a quitarse la ropa, y aun agredirse mutuamente con bastones de pacotilla. ¡La gran basura!

No siento deseo alguno de volver a la formalidad que caracterizaba la cultura del siglo XIX, cuando un padre era como una estatua de mármol, y una mujer no podría sonreír porque tenía el corsé demasiado ajustado. Pero si nuestros abuelos representaron la represión extrema de las emociones, el hombre contemporáneo se ha ido al otro extremo temperamental. Vivimos y respiramos según las vicisitudes de nuestras emociones, y lo cierto es que en muchas personas predominan los «bajones», y no las emociones más elevadas. La razón está ahora *dominada* por los sentimientos, en lugar de ser a la inversa, como Dios lo había dispuesto. «En cambio, lo que el Espíritu produce es amor, alegría, paz, paciencia, amabilidad, bondad, fidelidad, humildad y *dominio propio*» (Gl. 5.22, VP, lo enfatizado por el autor).

Esta necesidad de *dominio propio* se vuelve imperiosa ante las dificultades y tensiones que se presentan virtualmente en la vida de todo ser humano sobre la tierra. Como dijo Mark Twain: «La vida es un constante renegar». Es cierto. Al menos una vez cada dos semanas, uno se resfría, o aparece una nueva gotera en el techo, se le cae una varilla al auto, se infecta una uña encarnada, o se presenta una crisis laboral. Esas frustraciones menores son inevitables. Con el tiempo, por supuesto, se presentan problemas más importantes. Mueren los seres queridos, aparecen las enfermedades trági-cas, y la vida lentamente se va desgranando hasta su fin. Esa es la naturaleza de la experiencia humana, nos guste o no. Si eso es así, nada podría ser tan peligroso como permitir a nuestras emociones que gobiernen nuestros destinos. Hacer-lo es quedar a merced de las tormentas de la vida.

No sólo es posible sobrevivir a una crisis, sino beneficiar-se de ella. No hay mejor ejemplo que el del Dr. Stephen Hawking, un astrofísico de la Universidad de Cambridge, Inglaterra. Se lo considera el mejor científico desde Einstein, y por cierto, el astrónomo teórico más talentoso actualmente vivo. Lo que quizás no se conoce es que el Dr. Hawking sufre una enfermedad neuromuscular progresiva llamada esclero-sis lateral amiotrófica (esta es la enfermedad que segó la vida del jugador de béisbol Lou Gehrig, de los Yankees). Hawking está confinado a una silla de ruedas y ya no puede mover brazos ni piernas. Su cuerpo se ha deteriorado al punto de que sólo puede «hablar» con ayuda de una computadora. Sus intentos de comunicarse se han vuelto tan laboriosos que aquellos que no lo conocen creen que ha expresado una idea completa, cuando en realidad sólo ha dicho algunas pala-bras. Está demasiado débil para escribir, alimentarse, peinar-se, o colocarse los anteojos por sí mismo. La revista *Omni Magazine* dijo de él: «Hawking... no puede hacer mucho más que estar sentado y pensar. Su mente es una pizarra. Memoriza largas secuencias de ecuaciones, que son las que dan vida a sus ideas, y luego dicta el resultado a sus colegas o a su secretaria —actitud que se ha comparado con la de Beethoven, que componía una sinfonía completa dentro de su cabeza».

Ese artículo citaba luego la reacción del propio Hawking a su enfermedad. No puedo olvidar sus palabras. Dijo que antes de que lo atacara la enfermedad, estaba aburrido de su profesión y de la vida en general. Nada le interesaba ni lo motivaba. Bebía demasiado y trabajaba poco. Luego sobrevino la catastrófica enfermedad, y sus actitudes cambiaron de forma dramática. El privilegio de vivir se volvió particularmente valioso. Al hablar de su renovación, el Dr. Hawking dijo: «Cuando las expectativas de vida se reducen a cero, uno realmente valora cada cosa de la que dispone».*

¡Qué tremenda percepción! El aparato emocional del ser humano está conformado de tal manera que desvaloriza lo que se da por sentado. La buena salud, la comida deliciosa, el entretenimiento placentero, las circunstancias tranquilas, los hogares bellos, significan poco para aquellos que los han disfrutado desde que han nacido. ¿Recuerda algún adolescente que al despertarse por la mañana se muestre agradecido porque no le duelen las articulaciones, o porque tiene buena vista, porque respira, o se siente bien? Seguro que no. Ese muchacho nunca ha conocido lo que significa un dolor o enfermedad prolongada, y vive su situación sin reflexionar en ella. Pero cuando esas grandes bendiciones de la vida empiezan a desvanecerse, nuestro aprecio crece por ellas de forma concordante. Para un hombre como Stephen Hawking, que ahora enfrenta el constante deterioro físico y la muerte prematura, el mundo entero cobra nuevo significado: la belleza de un árbol, el privilegio de contemplar una puesta de sol, la compañía de los seres queridos —todo cobra sentido.

---

* Dennis Overbye: *Omni Magazine*, febrero 1979, p. 46.

Apliquemos este concepto al estilo de vida norteamericano, y encontraremos explicación a muchos de los problemas emocionales y síntomas psiquiátricos que nos aquejan. Hemos sido enseñados a esperar lo mejor y lo máximo de nuestra existencia terrenal. Nos sentimos con derecho, por decreto divino, a vivir por lo menos setenta y dos años de esplendor, y cualquier cosa que no se ajuste a ese esquema nos produce enorme inquietud. En otras palabras, *nuestro nivel de expectativa* es increíblemente alto. Pero la vida rara vez cumple esa promesa. Nos provee desencanto, frustración, enfermedad, sufrimiento, soledad, aun en la mejor de las circunstancias. Por lo tanto, hay un inevitable abismo entre la vida tal como es y como debiera ser.

El resultado es una elevada incidencia de cuadros depresivos, especialmente entre las mujeres, un inaceptable índice de suicidios, especialmente entre los jóvenes, y una extendida ansiedad en el resto de nosotros. He observado hombres que desarrollan úlceras por reveses financieros relativamente insignificantes. He visto mujeres que sufrían ansiedad a diario por los más mínimos inconvenientes, tales como tener una casa pequeña o un vecino quisquilloso, a pesar de que todas las otras dimensiones de su vida carecían de defectos.

Compare la inestabilidad de estos individuos con las actitudes de las familias alemanas cerca del final de la Segunda Guerra Mundial. Cada noche, miles de bombarderos ingleses vaciaban su destructiva carga cerca de Hamburgo, Berlín y Munich. De día, los aviones americanos cumplían la misma tarea. Seres queridos morían en todos los frentes. Los vecindarios quedaban destruidos y quemados. Niños pequeños eran mutilados y muertos. No había suficiente comida y el agua estaba contaminada. La trama misma de la vida estaba deshecha. Sin embargo, los historiadores nos dicen que la moral se mantuvo intacta hasta el final de la guerra. Los alemanes no se quebraron. Se ocupaban de rehacer sus hogares y hacer lo mejor posible dentro de la situación tan horrible.

¿Cómo se puede explicar este coraje frente al desastre, en comparación con los adinerados norteamericanos que, a pesar de tenerlo todo, están retorciéndose las manos en los consultorios de los psiquiatras? La diferencia, en palabras de Stephen Hawking, es el nivel de nuestras expectativas. Los alemanes esperaban pasar ese sacrificio y esos sufrimientos. Por lo tanto, estaban preparados cuando llegó lo peor. En cambio nosotros somos vulnerables a la más mínima frustración, porque se nos ha enseñado que los problemas pueden ser evitados. Hemos permitido que nuestras emociones nos gobiernen, y al hacerlo, nos hemos vuelto meros esclavos de nuestros sentimientos.

Hasta los ministros cristianos han contribuido a esta distorsión. «Hágase discípulo de Cristo y se terminarán sus problemas», dicen en tono propagandístico. «Puede prosperar en sus negocios... y si profiere los ruidos apropiados delante de Dios, él lo hará rico. Puede evitar toda enfermedad y todo accidente y todo problema orgánico». Es todo un regalo, cuando lo piensa.

Desafortunadamente, la promesa no es bíblica. Jesús dijo: «En el mundo *tendréis* aflicción; pero confiad, yo he vencido al mundo» (Jn. 16.33, lo enfatizado por el autor).

El cristianismo siempre ha estado orientado hacia el *futuro*. «Enjugará Dios toda lágrima de los ojos de ellos; y ya no habrá muerte, ni habrá más llanto, ni clamor, ni dolor; porque las primeras cosas pasaron» (Ap. 21.4). En ningún lugar de la Biblia se promete que esa tranquilidad y esplendor se encontrarán en esta vida. En realidad, las Escrituras indican exactamente lo opuesto: que las pruebas nos son dadas para que podamos crecer y ser más fuertes. Aquellos que se aferran tenazmente a otro punto de vista —de que Dios está obligado a quitar de en medio toda fuente de tensión— deben explicar por qué permitió que Juan el Bautista fuera acusado falsamente y decapitado, y por qué el apóstol Pablo pasó tanto tiempo en los calabozos. También deberían reinterpretar el siguiente pasaje bíblico escrito en Hebreos 11.35-39 (VP):

Otros murieron en el tormento, sin aceptar ser liberados, a fin de resucitar a una vida mejor. Otros sufrieron burlas y azotes, y hasta cadenas y cárceles. Y otros fueron muertos a pedradas, aserrados por la mitad o muertos a filo de espada; anduvieron de un lado a otro vestidos sólo de piel de oveja y de cabra; pobres, afligidos y maltratados. Estos hombres, que el mundo ni siquiera merecía, anduvieron sin rumbo fijo por los desiertos, y por los montes, y por las cuevas y las cavernas de la tierra. Sin embargo, ninguno de ellos recibió lo que Dios había prometido, aunque fueron aprobados por la fe que tenían.

Recuerdo a Job, en el Antiguo Testamento, que también perdió todas sus posesiones y sus hijos. Después su salud se deterioró. Allí estaba, sentado en la tierra, cubierto de llagas, abandonado de sus familiares, empobrecido, rechazado por sus amigos, y preguntándose qué podría haber pasado con Dios. Pero en esa hora tenebrosa en la que toda desgracia imaginable le había sobrevenido, no disminuyó su fe. Su espíritu no se quebró. En cambio, levantó la vista desde su estado miserable, y dijo: «He aquí, aunque él me matare, en él esperaré» (Job 13.15). Este es el ejemplo, insuperable en toda la historia, de un hombre que no permite que su intelecto y su voluntad claudiquen frente a sus emociones y su circunstancia.

Resumen

Se ha escrito mucho acerca de la necesidad de los hombres de tomar contacto con sus emociones —de estar dispuestos o poder llorar, amar, sentir esperanza. Estas sugerencias son válidas. Como veremos en un próximo capítulo, mi padre, que era para mí el símbolo de la masculinidad, era un hombre muy tierno y no se avergonzaba de llorar. No estoy en ningún momento sugiriendo que los hombres deban manifestar una falsa alegría cuando se sienten desfallecer interiormente. Sin embargo, es peligroso permitir que las emociones gobiernen nuestra mente. Los sentimientos no deben dominar el análisis racional, especialmente en tiempos de crisis, ni debiéramos permitir que las frustraciones menores de la vida nos produzcan depresión y desesperación.

Aunque espero no llegar a pasar nunca por los sufrimientos que experimentaron Job y los mártires de la Biblia, quisiera desarrollar la misma actitud de perseverancia cuando me sobrevenga algún problema, como un ataque cardíaco, por ejemplo. De la misma manera, como jefe de familia, quisiera disminuir nuestro nivel de expectativas, en anticipación del invierno. Como señaló el Dr. Hawking, la vida cobrará nuevo sentido si logramos hacer ese cambio.

Huellas

Una noche un hombre tuvo un sueño. Soñó que caminaba por la playa junto al Señor. En el firmamento, surcaban escenas de su vida. Para cada escena, se dibujaban dos pares de huellas en la arena: unas le pertenecían a él, las otras al Señor.

Cuando se le presentó la última escena de su vida, miró hacia atrás a las huellas en la arena. Observó que en muchas ocasiones a lo largo de su vida, había un solo par de huellas. También observó que eso sucedía en los momentos más difíciles y tristes de su existencia.

Esto realmente le molestó, y le preguntó al Señor por ello. «Señor, tú me dijiste una vez que si decidía seguirte, caminarías siempre conmigo. Pero he notado que durante los momentos más angustiosos de mi vida, hay un solo par de huellas. No entiendo por qué, cuando más te necesitaba, me dejaste solo».

El Señor respondió: «Mi hijo, mi querido hijo, te amo y nunca te hubiera abandonado. En los tiempos de prueba y dolor, cuando ves un solo par de huellas es porque yo te llevaba en brazos».

Autor desconocido.

18

El hombre y sus animales

En Proverbios 12.10 se nos dice: «El justo cuida de la vida de su bestia; mas el corazón de los impíos es cruel». ¿Acertado, verdad? Cualquiera que se preocupe por el bienestar de un pobre perro o gato, probablemente también sea sensible hacia las personas que sufren. Mi papá era ese tipo de hombre. Amaba todo lo que Dios ha hecho, especialmente esos caninos peluditos llamados *toy terriers*.

Penny era un brillante ejemplar de esa raza. Lo habíamos adoptado en la familia cuando yo tenía trece años, y los dos crecimos juntos. Para cuando terminé la universidad, la mascota estaba ya instalada como miembro pleno de la familia Dobson, con todos los derechos y privilegios que de ellos derivaba. Mi papá y él tenían una especial comprensión el uno por el otro, como dos viejos amigos que pueden comunicarse sentimientos profundos sin decir una palabra. Sólo los que aman profundamente a los perros pueden entender lo que quiero decir.

Pero bueno, Penny envejeció y se volvió decrépito. A los diecisiete años, padecía de un cáncer terminal y era obvio que sentía mucho dolor. Iba hasta el alambrado y se quejaba hora tras hora. Mi papá sabía que había llegado la hora de sacrificar al pequeño amigo, pero no lograba reunir las fuerzas para hacerlo.

«¿Cómo puedo matar a mi perro?», se decía.

Pero era más cruel dejar a Penny sufrir así. De modo que papá concertó una cita con el veterinario de la sociedad protectora de animales para conversar al respecto. El profesional era un hombre sensible y advirtió qué penoso era este suceso para mi padre. Compartió con él una situación similar que había vivido con su propio perro y estos dos hombres adultos lloraron juntos.

Se tomó la decisión final respecto a la vida de Penny y se determinó el día. Toda la tarde previa, un hombre y un perro estuvieron sentados juntos bajo el árbol del fondo. Ninguno de los dos habló. (Penny comunicaba sus pensamientos con los ojos y la cola.) Sospecho que ambos lloraban. Luego se dijeron adiós por última vez.

Cuando llegó el momento, le administraron a Penny cinco barbitúricos para evitar que reconociera el olor del hospital veterinario, que detestaba. Mi madre lo entregó al asistente y luego volvió rápidamente al auto. Papá estaba visiblemente impresionado. Durante casi una semana, se sentaba solo bajo ese árbol, apenas completaba sus responsabilidades diarias como docente universitario. Siguió viviendo el duelo de su mascota durante varios años.

Durante ese tiempo, estimulamos a papá a que consiguiera otro perro, pero evitaba hacerlo porque temía volver a pasar por otra experiencia dolorosa. Pasaron nueve años antes de que considerara la posibilidad de cubrir la ausencia de Penny.

Pero, por qué no dejar que sea él mismo quien les cuente su historia. La siguiente narración fue escrita por papá, poco antes de su muerte.

Salud garantizada

Me gustan los perros. ¡Algunos de mis mejores amigos son perros! A veces pienso que me puedo comunicar mejor con ellos que con los seres humanos. ¡Al menos ningún perro me ha interpretado mal al punto de romper una amistad ya establecida! Había sufrido el duelo por mi cachorro, Penny, durante nueve años. Me decía a mí mismo que nunca iba a tener otro perro. Algo de esta actitud estaba relacionada con la culpa estilo Judas Iscariote que cargaba. Lo que ocurre es que me vi obligado por el profundo amor que le sentía, a poner fin a su inútil agonía. ¡Yo, que fielmente lo cuidaba, lo había entregado a sus ejecutores! ¡Adiós mi constante compañero durante diecisiete años! Todavía lo extraño, y siempre lo extrañaré, pero «Nueve años son suficiente», le dije a mi esposa. «Voy a conseguir otro perro».

«Sólo estás buscando volver a sufrir», dijo ella. «Un perro vive en promedio ocho a diez años, y luego tendrás que pasar otra vez por este sufrimiento».

«Quizás no», dije. «He analizado mucho esta decisión. Pronto yo mismo estaré camino a la muerte. Podría ser que estemos llegando a las Puertas Doradas al mismo tiempo».

Decidí elegir muy cuidadosamente esta nueva mascota. Quería el mismo tipo de perro, pero debía ser de pedigree. Penny había sido un afortunado accidente —genéticamente había salido beneficiado por sus antiguos ancestros. Conozco esa raza y sé también, que más allá de los papeles de certificación, uno tiene que elegir el ejemplar según la inteligencia y otras cualidades deseables. Hay que conseguir un cachorro de unas seis semanas de edad, para estar seguro de que nadie lo haya echado a perder. Debía ser de excelente salud, haber recibido todas las vacunas, etc.

Todas estas reflexiones se iban ordenando en mi mente cuando empecé a revisar los diarios en busca de ofertas de perros. Nada. Siempre alguien se me adelantaba con los mejores perros, porque yo no contestaba los avisos publicitarios el domingo, que es cuando se ofrecen los puros. Finalmente vi un aviso de un negocio de mascotas ofreciendo un *toy terrier*, pero no lo tomé en serio.

«Hay algo gracioso», le comenté a mi esposa. «El aviso dice que es un cachorro puro de nueve meses, pero que no tiene papeles. ¡Nueve meses en el negocio de mascotas y nadie lo quiere llevar! Debe haber algo raro. ¡De todos modos, no compraría un perro sin papeles!»

Pero después dije: «Demos una vuelta para verlo».

Encontramos el negocio en un sector muy pobre de la ciudad. Mi esposa estaba temerosa de bajarse del auto. El local ocupaba una habitación de una casa abandonada. Cuando crucé el umbral, la hediondez me sobrecogió. En el acto detecté al perro en cuestión. Estaba amontonado en un cubículo junto a otros perros más grandes que lo golpeaban, y pisaban su pequeño cuerpecito. ¡Había un abigarrado surtido de mestizos de varios tipos, todos ladrando y defecando! Algunos trataban de dormir para escapar de su miseria, enrollados sobre la reja de su roñosa jaula.

Cuando la vendedora trajo el pequeño *toy terrier* y lo puso sobre el piso parecía estar en las últimas.

«Este perro ha pasado por alguna clase de experiencia emocionalmente traumática», pensé. Me miró con ojos lastimeros que reflejaban una tristeza inefable. No podía creer que alguien ofreciera a la venta un perro en esas condiciones. Su flaquísima estructura temblaba entera, y constantemente tosía y daba arcadas, provocadas por alguna infección bronquial. Pensé que eran los síntomas propios del temible moquillo. En los intervalos entre tosidos, se rascaba desesperadamente las orejas llenas de hongos. Me seguía por la habitación, servilmente, con la pequeña colita pegada hacia abajo —la imagen de la humillación.

«Vaya a saber qué otras enfermedades tendrá, quizás incurables», pensé. «¡No, no voy a meterme en esto!»

Pero a pesar de lo que pensaba, sentía deseos de llorar. El cachorro parecía decirme: «Pareces un buen hombre, pero sé que serás como todos los demás». Era tan pequeño, tan indefenso e impotente. Mientras trataba de endurecerme frente a su desgraciado destino, con razonamientos tales como «No es mi culpa... No puedo hacer de mi casa un hospital de perros...» Sacó la lengüita rosada y tibia y me lamió la mano, como diciendo: «Gracias por venir a verme, de todos modos». ¡Tuve que irme rápido de ahí!

Comenzamos el regreso en silencio. Apenas habíamos hecho unas pocas cuadras, cuando hice una decisión instantánea. Supongo que fue el efecto de la última lamida, el anhelo intuitivo que expresaba... Di vuelta en redondo, y me encaminé de regreso. Me puse sordo como una tapia a los prolijos razonamientos que mi esposa derramaba en mis oídos. ¡En un instante, en lugar del anónimo despojo de perro en un maloliente negocio de mascotas, se había transformado en mi cachorrito, que estaba allí, sufriendo, solitario y enfermo! Rebosaba una compasión que podría con toda justicia haber volcado hacia algún objeto más valioso: lo sé, Dios, perdóname. Hice el cheque y me dieron el recibo a cambio. En la factura había una frase increíble: «*¡Salud garantizada!*»

Recogí aquel bultito tembloroso entre mis brazos, con su olor y todo. Un baño tibio pronto eliminó el olor nauseabundo. Luego lo llevé al mejor veterinario que pude encontrar. Le dio una mirada y sacudió la cabeza.

«Haré el intento, pero no puedo prometerle que lo lograré», dijo. Siguieron días de antibióticos para la tos, semanas de gotas para los hongos en las orejas, medicamentos para los parásitos, vacunas de distintos tipos, un tónico para regular la agitación cardíaca y mucho amor, que era cálido y tierno después de tantos años de duelo por Penny. Para sorpresa del doctor, más que mía, tenemos ahora un perro del cual enorgullecernos, sano y bien formado.

¡Y qué agradecido! Mi cachorro, al que llamé Benji, muestra su gratitud en la forma blasfema e idolátrica en que me adora. El cree que soy Dios Todopoderoso cuando viene a saludarme cada mañana, retorciéndose y sacudiéndose al punto que parece que se va a partir en dos. ¡Es como si no se permitiera olvidar jamás su infierno personal en el negocio de mascotas!

Tres años después de este feliz comienzo, Benji perdería a su amado amo. Una mañana vio como mis padres partían en el auto, pero sólo regresó mi madre. Nadie podía explicarle el significado de la muerte, por supuesto. De modo que Benji se quedó sentado esperando mes tras mes, anhelando escuchar el sonido de esa voz familiar. Cada vez que oía cerrar la puerta de un auto se llenaba de esperanza y entusiasmo... para caer luego en el desencanto. Me equivoqué de persona, otra vez.

Visité a mi madre varios meses después del funeral para ayudarle a empacar las cosas de mi padre y regalar su ropa. Mientras doblaba trabajosamente sus sacos y pantalones y los ubicaba en una maleta, Benji saltó sobre la cama. Reverentemente se acercó a la ropa y la olisqueó cuidadosamente por todos lados. Se subió a la maleta y se acurrucó en medio de uno de los sacos más usados por mi padre. Luego levantó los ojos para mirarme.

«Te entiendo, Benji. Yo también lo extraño», le dije.

Conclusión

¿Por qué he incluido esta historia acerca de un perro en un libro sobre hombres? Lo creí oportuno porque quería mostrar cómo los esposos y padres pueden sentir, amar y disfrutar. Aquellos que, como mi padre, pueden permitirse experimentar profundas emociones, son mucho más vulnerables a las vicisitudes de la vida, es cierto, pero la sensibilidad que desarrollan bien vale el precio que pagan.

El hombre
y su Dios

19

El hombre y su Dios

Uno de mis colegas en el Hospital de Niños murió el año pasado, después de haber trabajado en nuestra facultad de medicina durante más de veinticinco años. Durante el ejercicio de la docencia, se había ganado el respeto y la admiración tanto de los profesionales como de los pacientes, especialmente por sus investigaciones y contribuciones a la ciencia médica. Había alcanzado la cúspide de la pirámide en el campo que había elegido, y disfrutaba del prestigio y beneficio material que acompaña ese éxito. Había probado todo lo bueno que el mundo podía ofrecerle.

En la reunión de personal posterior a su fallecimiento, un miembro de su departamento leyó un extenso elogio de su persona. Luego el presidente invitó a todos los presentes a ponerse de pie, como se acostumbra en tales circunstancias, para guardar un minuto de silencio a la memoria del colega desaparecido. No tengo la menor idea de lo que estaría reflexionando el resto del personal durante esos sesenta segundos, pero puedo comentarles lo que pasaba por mi mente.

Pensaba: «Señor, ¿en esto termina todo? Sudamos, nos afligimos y nos esforzamos por alcanzar un lugar en la vida, por impresionar a nuestros prójimos y a nuestros rivales. Nos tomamos tan en serio, reaccionamos con tanta fuerza a los más insignificantes eventos de todos los días. Finalmente, aun en el caso de los hombres más brillantes, todo se desvanece en la historia, y nuestras vidas quedan resumidas en un homenaje de algunos minutos y un minuto de silencio. Casi no vale la pena tanto esfuerzo, Señor».

También quedé impresionado por la incapacidad colectiva de esos académicos para responder a los interrogantes que planteaba la muerte de nuestro amigo. ¿Dónde se había ido? ¿Viviría nuevamente? ¿Lo veríamos otra vez? ¿Por qué había nacido? ¿Había un Dios bondadoso observando y tomando nota de sus actos? ¿Está ese mismo Dios interesado en *mí*? ¿Tiene algún sentido la vida, más allá de la investigación científica, los grados académicos y los automóviles costosos? El silencio de esos doscientos cincuenta hombres y mujeres cultos parecía simbolizar nuestra impotencia para responder a esos asuntos.

Luego sentí una oleada de alivio mientras pensaba en el mensaje del cristianismo y el significado de la cruz. Estas Buenas Nuevas proveen la *única* explicación satisfactoria a la pregunta de por qué estamos aquí y hacia dónde vamos. El último aliento del cristiano no es la misteriosa conclusión de una existencia sin sentido. Más bien, es el grandioso comienzo de una vida que nunca va a terminar. Por eso es que proclamamos, aun junto a la tumba de un ser querido: «¿Dónde está, oh muerte, tu aguijón? ¿Dónde, oh sepulcro, tu victoria?» (1 Co. 15.55).

Qué importante es que el hombre del hogar sepa las respuestas a estas preguntas perturbadoras y que pueda conducir a su familia por los caminos de la justificación. Cuando acepta esa responsabilidad espiritual tal como Dios desea que lo haga, es probable que toda la familia siga su ejemplo. «Ellos dijeron: Cree en el Señor Jesucristo, y serás salvo, *tú y tu casa*» (Hch. 16.31, enfatizado por el autor). Este asunto es de tanta importancia que me siento compelido a dedicar el resto de este capítulo al plan básico de la salvación.

Quizás alguno comprenda el mensaje cristiano por primera vez al leer estos párrafos y es mi oración que así sea.

Solía reflexionar en un difícil problema teológico, que en su momento me parecía insalvable. Me parecía extraño que Dios enviara a su único Hijo, Jesús, a morir en agonía en la cruz del Calvario. Dios, razonaba yo, como Creador del universo, tenía todo bajo su mando. Eso le permitía dictar sus propias reglas y establecer los límites. Por lo tanto, me parecía que Dios podría haber provisto *cualquier* plan de salvación que quisiera, cualquier cosa que se le ocurriera.

Me parecía ilógico que Dios hubiera creado un sistema que básicamente requería el sufrimiento y la muerte de su propio Hijo en la cruz. No podía entender porqué se sometería a semejante sufrimiento y dolor en nuestro beneficio, cuando podría haber provisto un plan menos costoso de salvación. Luchaba con este problema cuando era un creyente nuevo y me sentía perplejo por los interrogantes que levantaba. Sabía todas las respuestas formales que se dan en la escuela dominical y podía citar los pasajes pertinentes. Pero ninguna de esas interpretaciones me satisfacía.

Es interesante volver a considerar las cosas que nos han preocupado en otros tiempos. Ahora tengo una comprensión más adecuada del plan de salvación provisto por Dios y cuál fue su motivación. La explicación es muy significativa para mí, porque trata con la esencia misma del cristianismo.

Antes de leer mi conclusión sobre el plan de Dios, debo aclarar que no soy ministro ni pastor ni teólogo. No tengo ninguna experiencia en teología. Sí, en realidad conozco algo del griego y el hebreo. El griego tiene una estación de servicio en mi barrio, y el hebreo una confitería en San Diego. Esa es una broma tonta, pero ilustra el hecho de que no tengo mérito alguno para ser considerado una autoridad en Biblia. Sin embargo, esta falta de entrenamiento teológico me ayuda a comunicarme con otros que tampoco lo tienen, en lenguaje cotidiano. Si mi explicación resulta muy simplificada desde el punto de vista de algunos, espero que sepan perdonarme.

Aquí está, entonces, mi concepto del plan de salvación y porqué era necesaria la muerte de Cristo: comienza, necesariamente, por una comprensión de la naturaleza de Dios. A lo largo de las Escrituras, se describe al Todopoderoso mediante dos cualidades irreducibles: *su amor y su justicia.* Ambos aspectos se reflejan en todo lo que Dios hace, y ninguna de sus acciones contradice jamás ninguno de estos atributos.

El amor y la justicia de Dios se hicieron especialmente evidentes cuando creó a Adán y Eva. Obviamente, él podría haberlos «programado» para que lo amaran y obedecieran sus leyes. Podría haberlos creado en la forma de sofisticados robots o mascotas. De hecho, programó el cerebro de los animales inferiores, y es así como los pájaros construyen determinados tipos de nidos y los lobos matan a los alces heridos: no tienen opción.

Shirley y yo solíamos tener un hermoso perdiguero al que llamábamos Siggie, que desplegaba un conjunto de conductas instintivas sobre las que *no* teníamos intervención alguna. Por ejemplo, el cachorro no podía evitar ladrar cuando sonaba el timbre de la puerta, aun si yo lo amenazaba de matarlo porque despertaría al bebé. Tampoco podíamos evitar que engullera su comida como si nunca más fuera a recibir alimento. Dios había incorporado en Siggie comportamientos instintivos (algunos de los cuales me hubiera gustado eliminar) que operaban automáticamente sin haber sido aprendidos.

Pero el Señor eligió no incluir comportamientos instintivos en el ser humano, dejándonos en libertad de aprender. Esto explica la absoluta impotencia de los bebés humanos, que son las criaturas más dependientes al momento de nacer. Carecen de las ventajas iniciales de las reacciones automáticas, pero después superan con creces a los más astutos animales. Así es nuestra condición humana.

Al concedernos libertad de elección, Dios le dio significado a nuestro amor. Quería nuestra devoción, pero se negó a exigirla. Sin embargo, en el momento mismo de dar esta posibilidad de elección, era inevitable que eventualmente tuviera que hacer frente al pecado del hombre. He oído a cristianos que especulan sobre qué podría haber sucedido si Adán y Eva no hubieran desobedecido a Dios. La respuesta es obvia. Si ellos no hubieran pecado, la generación siguiente lo hubiera hecho. Después de todo, si nadie hubiera elegido nunca la opción incorrecta, entonces no había una opción real para hacer.

Pero Adán y Eva *sí* pecaron, como sabemos, y por lo tanto confrontaron a Dios con el dilema más grave de todos los tiempos. Su amor por la raza humana era ilimitado, lo que implicaba que debía perdonar a sus desobedientes criaturas. La Biblia dice: «Como el padre se compadece de los hijos, se compadece Jehová de los que le temen» (Sal. 103.13). Esta es una analogía que puedo comprender. Sé cuánto me compadezco de mis propios hijos cuando han hecho algo malo. Mi tendencia es perdonarlos.

Pero a pesar del gran amor de Dios, su justicia exigía obediencia; demandaba arrepentimiento y castigo por la desobediencia. De modo que aquí había un serio conflicto para la naturaleza de Dios. Si destruía la raza humana, como requería su justicia ante nuestra pecaminosa rebeldía, su amor hubiera sido violado; pero si pasaba por alto nuestros pecados, su justicia hubiera sido sacrificada. Ninguno de los dos aspectos de su naturaleza podía ser dejado a un lado.

Dios, en su maravillosa sabiduría, propuso una solución a esta horrible dilema. Si podía encontrar algún ser humano libre de condenación —al menos un individuo, hombre o mujer, que no fuese culpable—, entonces el pecado de todos los seres sobre la tierra podía ser cargado sobre esa persona, y ella sufriría el castigo en nuestro lugar. Dios, que es eterno, proyectó entonces su mirada por toda la historia humana, desde Adán hasta Armagedón, pero no pudo encontrar ni un solo inocente. «Por cuanto todos pecaron, y están destituidos de la gloria de Dios» (Ro. 3.23), se escribiría más tarde. No había una sola persona que pudiera asumir la culpa, la condenación, el castigo por todos nosotros. Por lo tanto, la única alternativa que tenía Dios era enviar a su propio Hijo a cargar con los pecados de toda la familia humana. Aquí vemos la belleza del plan de Dios, y la razón por la que Jesús tuvo que morir. Cuando fue crucificado en la tierra, Jesús armonizó el conflicto entre el amor y la justicia de Dios, y proveyó el remedio para la humanidad caída.

Al expirar, Jesús dijo: «¡Está consumado!», es decir: «He llevado a cabo el plan de salvación que Dios había dispuesto para el hombre pecador». Por eso es que Dios escondió su rostro cuando Jesús estaba sobre la cruz, lo que hizo clamar a Jesús, angustiado: «Dios mío, Dios mío, ¿por qué me has abandonado?» (Mt. 27.46). En ese momento, Jesús estaba soportando el castigo de todos los pecados del hombre a lo largo de todos los tiempos, incluyendo los suyos y los míos.

Esta comprensión del plan de salvación no se basa en supuestos y adivinanzas, naturalmente. Está basada en la interpretación literal de la Palabra de Dios. Este mensaje, en efecto, es el tema central de las Escrituras. El Antiguo Testamento exclama: «¡Jesús viene!» y el Nuevo proclama: «¡Jesús está aquí!» Pero si tuviera que elegir un solo pasaje para representar el concepto que he desarrollado, elegiría el capítulo 53 de Isaías (mi capítulo favorito en la Biblia). Fue escrito setecientos años antes del nacimiento de Cristo y ofrece una increíble profecía sobre su misión. El resumen de todo el plan de Dios está planteado en este solo capítulo. Quisiera transcribirlo de la paráfrasis *La Biblia al Día*:

Pero, ¡cuán pocos lo creen! ¿Quién escuchará? ¿A quién revelará Dios su poder de salvación? A los ojos de Dios era como tierno retoño que brota de una raíz en tierra seca y estéril. Pero a nuestro parecer carecía de todo atractivo, nada tenía que nos hiciera desearlo. Lo despreciamos y lo rechazamos, varón de dolores, habituado al más amargo dolor. Al pasar él, le volvimos la espalda y miramos en otra dirección. Se le menospreció, y nada nos importó.

Y sin embargo fue *nuestro* dolor el que él sufrió, *nuestras* penas las que lo agobiaron. ¡Y nosotros pensábamos que sus tribulaciones eran castigo de Dios por los pecados *suyos*!

Pero él fue herido y maltratado por los pecados *nuestros*. Se le castigó para que nosotros tuviéramos paz; lo azotaron ¡y nosotros fuimos sanados! ¡Nosotros fuimos quienes nos extraviamos como ovejas! ¡Nosotros, que abandonamos las sendas de Dios por seguir las nuestras! ¡Pero Dios echó sobre *él* la culpa y los pecados de cada uno de nosotros!

Fue oprimido y afligido, pero no pronunció palabra. Como a un cordero lo llevaron al matadero; como muda oveja ante sus trasquiladores, permaneció callado ante quienes lo condenaban. De la cárcel y del juicio se lo llevaron a la muerte. Pero ¿quién entre el pueblo de aquel tiempo se dio cuenta de que era por los pecados de ellos que él moría, que él sufría el castigo que a ellos correspondía? Lo sepultaron como a delincuente en la tumba de un rico; pero él no había hecho mal alguno; jamás pronunció una palabra perversa.

Sin embargo, fue el buen plan de Dios maltratarlo y abrumarlo de sufrimiento. Pero cuando su alma haya sido convertida en ofrenda por el pecado, tendrá innumerables hijos, muchos herederos. Revivirá y los planes de Dios prosperarán en sus manos. Y cuando contemple lo alcanzado mediante la angustia de su alma, estará satisfecho; y mediante lo que él sufrió, mi Siervo justo hará que muchos sean tenidos por justos ante Dios, porque él llevará todos los pecados de ellos. Por lo tanto, yo le daré la honra que corresponde al poderoso y grande, porque él derramó su alma hasta la muerte. Fue tenido por pecador, y llevó los pecados de muchos, e intercedió ante Dios por los pecadores.

¿No es ésta una hermosa explicación del propósito de Jesús en la tierra? Establece claramente por qué el plan de Dios involucraba necesariamente a su propio Hijo, con el consiguiente proceso de sufrimiento, dolor, y muerte. Sólo pagando este increíble precio podía armonizar la potencial contradicción entre el amor y la justicia divina, y proveer «una vía de escape» a la humanidad. También explica porqué no hay otro nombre en el cual podamos ser salvos y porqué no podremos escapar si tenemos en poco una salvación tan grande (Heb. 2.3).

Queda una pregunta importante por responder: ¿Exactamente cómo hace una persona, ahora, para aceptar este plan y seguir al Señor resucitado? Creo que hay dos pasos básicos en este proceso (aunque algunas iglesias enfatizan uno solo). El primero es creer en el nombre de Jesucristo. Juan 3.16 dice: «Porque de tal manera amó Dios al mundo, que ha dado a su Hijo unigénito, para que todo aquel que en él cree, no se pierda, mas tenga vida eterna». Romanos 10.13 (VP) lo dice en otras palabras: «Porque esto es lo que dice: "Todos los que invoquen el nombre del Señor, alcanzarán la salvación"». De manera que el primer requisito es aceptar personalmente lo que Cristo hizo por nosotros.

Pero tal como yo entiendo las Escrituras, y desde mi propia perspectiva teológica, hay una segunda responsabilidad que a veces se pasa por alto. Santiago lo expresó de la siguiente manera: «Tú crees que hay un solo Dios, y en esto haces bien; pero los demonios también lo creen, y tiemblan de miedo. No seas tonto, y reconoce que si la fe que uno tiene no va acompañada de hechos, es una fe inútil» (Stg. 2.19-20, VP). De modo que hay algo más que debemos hacer. Si bien es cierto que no podemos «ganar» nuestra salvación —es imposible hacer las obras que podrían hacernos merecedores—, el *arrepentimiento* sigue siendo una parte importante del proceso.

«Arrepentimiento» es una palabra que a menudo no se entiende. ¿Qué es lo que realmente significa? Billy Graham definió el arrepentimiento como algo compuesto por tres aspectos: El primero es la convicción. Usted debe saber qué es lo correcto para que pueda llevarlo a cabo; y debe saber qué es lo incorrecto para evitarlo. El arrepentimiento también implica una profunda conciencia de ser culpable delante del Señor. He visto personas que se consideran cristianos, y dicen: «Sí, creo en Jesús», pero parecen no haber comprendido o percibido su propio pecado y culpa. No se muestran «contritos» de corazón. El pasaje en Santiago nos muestra que hasta «los demonios creen, y tiemblan». *En cambio muchas personas creen pero no tiemblan.*

¿Dónde se origina esta actitud de arrepentimiento? Viene por medio de la enseñanza del Espíritu Santo. Deuteronomio 4.29 dice: «Mas si desde allí buscares a Jehová tu Dios, lo hallarás, si lo buscares de todo tu corazón y de toda tu alma». De modo que uno debe querer tener esta relación con Dios. El Señor debe ser tan importante para usted que realmente quiera permitirle que transforme completamente su vida y modifique su comportamiento. En síntesis, entonces, el arrepentimiento incluye convicción (saber lo que es incorrecto); contrición (ser consciente del pecado y la culpa personal); y finalmente, la transformación consecuente de la mente, el corazón, y la conducta.

Las limitaciones de tiempo y espacio no me permiten analizar otros temas teológicos importantes que son relevantes respecto a la salvación, como por ejemplo, la *confesión* (Ro. 10.9-10) y el *bautismo* (Hch. 22.16 y 2.38). Se han escrito volúmenes íntegros sobre un tema que he intentado cubrir en un solo capítulo. Quizás al menos yo haya podido colocar el fundamento sobre el cual el nuevo creyente continúe su propio estudio de la Biblia.

Creo que sería provechoso, como conclusión, dar un ejemplo de la clase de oración que una persona podría hacer si entiende lo que he explicado y quiere aceptar a Jesucristo como su propio Señor y Salvador. Permítame expresar las siguientes palabras:

Señor, te traigo mi naturaleza pecaminosa tal como me has permitido conocerla. Sé que no tengo nada de valor para ofrecerte excepto mi propio ser y mi amor. No puedo merecer tu perdón pero tú lo has ofrecido gratuitamente por medio de tu Hijo Jesucristo. Acepto que controles mi vida, y quiero servirte, obedecerte, y seguirte de aquí en adelante. A ti te pertenece mi pasado, mi presente, mi futuro, mi familia, mi dinero y mi tiempo. No quiero retener nada. Gracias por amarme y por hacerme tu hijo. Amén.

Santuario

En la quietud de la tarde recorro el monte
    por una senda apenas trazada,
paso la osamenta y las piedras negruzcas
    donde el fantasma de un indio se esconde.
Como animal sediento se detiene a beber
    en el tanque junto al molino
la senda que baja serpenteando la cañada,
    y sigue cuesta arriba, donde el lobo husmea a la liebre.

Cual aguja se yergue la opaca torre
    a lo lejos entre la neblina.
Altar y capilla es a mi alma,
    que eleva aquí su alabanza,

Como tropilla al galope
    bailotea la paja junto a la alambrada;
atrapada, impotente,
    hasta que el viento de la noche la libere.

El dulce canto vespertino del firmamento me convoca
    con el púrpura y el azul de las nubes;
congregación, yo solo, hasta mi Dios he venido,
    y mi altar es la cima de esta torre.

Por la escalera que el tiempo ha carcomido
    subo a la rueda del molino
sin remordimiento alguno de que mi retiro importune
    a la nidada del gavilán que vuela allá en la llanura.

La garganta del molino parece entonar un himno
    y su rugido es un canto;
en el girar de sus aspas se eleva una alabanza
    mientras el sol torna el verde en dorado.

Un riachuelo cantarino
    brota de los tubos oxidados del molino.
Mi alma está serena y reverente, pues la presencia de Dios
    se siente honda en este atardecer esplendoroso.

                    James C. Dobson, padre.

20

El hombre y su muerte

¿Cómo muere un hombre bueno? En las Escrituras encontramos muchos ejemplos que sirven de inspiración a quienes se consideran cristianos. El que más me gusta es el relato de las últimas horas del rey David, cuando pidió que su amado hijo Salomón fuera llevado a la recámara. Allí, en presencia de un testigo, el padre ofreció sus últimas palabras de consejo al joven hombre al que había designado como su sucesor. No cabe duda que las afirmaciones hechas en esa ocasión eran de enorme significado, porque obviamente David estaba trasmitiendo a su hijo verdades eternas. Un hombre rara vez se conduce de manera descuidada o frívola cuando está frente a la muerte. Por lo tanto, las palabras representan un compendio de todo lo que David creía y amaba.

Y tú, Salomón, hijo mío, *reconoce al Dios de tu padre*, y sírvele con corazón perfecto y con ánimo voluntario; porque Jehová escudriña los corazones de todos, y entiende todo intento de

Hablemos con franqueza

los pensamientos. *Si tú le buscares, lo hallarás; mas si lo dejares, él te desechará para siempre* (1 Cr. 28.9, lo enfatizado por el autor).

Dichoso el hijo que reciba tal consejo de su padre. Esas palabras contienen todo lo que un joven o una joven necesitan saber para vivir una vida lograda y significativa. Observe la precisión de las palabras de David. No instruyó a su hijo a que conociera *acerca* de Dios. Le dijo que se relacionara *con* Dios. Esta distinción es esencial (puedo conocer *acerca* de Jimmy Carter, George Washington o Albert Einstein, pero nunca me he encontrado con ellos cara a cara). También me impresiona la referencia de David al juicio de Dios sobre aquellos que desobedecen sus mandamientos: «Mas si le dejares, él te desechará para siempre». Esa advertencia tiene consecuencias eternas para usted y para mí también.

Hemos visto cómo encaró el rey David la bendición final de su vida. Ahora quisiera ofrecer un ejemplo contemporáneo acerca de cómo muere un hombre bueno. Es conveniente que dedique estas últimas palabras a mi propio padre. El fue quien inspiró todo este libro, como ya habrá notado.

El último capítulo en la vida de papá empieza en la Pascua de 1977, cuando mis padres vinieron a visitarnos en California. En esa ocasión me tomé una licencia de varios días para pasar tiempo en amable conversación con nuestros seres queridos. En un momento, me volví hacia papá y le pregunté espontáneamente: «¿Qué querrías que dijera tu epitafio?»

Pensó brevemente y respondió: «Sólo una palabra: "Oraba"». No se me ocurriría ninguna frase que resumiera mejor su devoción a Dios y la comunión diaria que mantenía con él. Fue muy propicio que su último acto sobre la tierra fuera pedir la bendición de Dios sobre los alimentos que iban a servir. Es lógico que en su lápida se lea precisamente esa expresión: «Oraba».

Luego me volví hacia mamá y le pregunté: «¿Y tú, qué quisieras en tu epitafio?» Con su habitual sentido de humor, respondió en el acto: «¡Les dije que estaba enferma!»

Su acotación me recordó aquel anciano de ochenta años que dijo: «¡Si hubiese sabido que iba a vivir tanto tiempo me hubiese cuidado mejor!»

Disfrutamos mucho ese tiempo de alegría y compañerismo con mis padres, sin tener idea, por supuesto, que sería la última visita de mi padre. El reloj estaba ya en la cuenta regresiva, y sólo quedaban ocho meses por delante.

Más tarde ese mismo año, cuando la muerte se iba acercando, papá recibió dos claras revelaciones de Dios que lo conmovieron profundamente. La primera de ellas me la comunicó por teléfono en septiembre. Estábamos hablando de los programas de televisión que me tocaba preparar y de otros temas de interés mutuo. Luego papá dijo súbitamente: «Bueno, hay algo de lo que estoy seguro. Dios va a cuidar de tu madre».

Yo le contesté: «Por supuesto», pero me preguntaba porqué había elegido esa ocasión para hacer un comentario de esa índole. Cinco días más tarde, sufrió un ataque cardíaco del que casi no sobrevivió.

Mientras mamá y yo estábamos en el hospital esperando novedades acerca de su estado, recordé el extraño comentario que me había hecho por teléfono. Compartí sus palabras con mi madre y le pregunté si entendía porqué habría querido hablarme de la seguridad futura de mamá.

«Sé lo que quiso decir», respondió ella. Entonces me dijo que dos semanas antes, mi papá había estado descansando en la cama mientras ella hacía otras tareas en la habitación. Lo miró y observó que tenía lágrimas en los ojos.

«¿Qué sucede?», le preguntó.

El hizo una breve pausa y luego dijo: «El Señor acaba de hablarme».

«¿Quieres hablar de ello?», continuó mamá.

«¡Fue acerca de ti!», contestó papá.

«¡Entonces es mejor que me lo digas!», dijo ella.

«Fue una experiencia extraña», siguió papá. «Estaba simplemente recostado, pensando en una variedad de cosas. No estaba orando, ni siquiera pensando en ti, cuando el Señor me habló y me dijo: "Yo cuidaré de Myrtle"».

Quedaron mirándose el uno al otro, perplejos, pensando qué querría decir.

Cinco días después, pasaron por el trauma más difícil de su vida, y en sólo cuarenta y ocho días más, mi madre supo lo que significaba la viudez.

Aunque han pasado muchos años desde la muerte de mi padre ese frío domingo invernal, el Señor ha mantenido su promesa. No los voy a recargar con detalles. Sólo quisiera que sepan que el Dios de mi padre consoló, proveyó y sustentó a la mujer que él dejó atrás.

Por supuesto, ella continuó sufriendo por la pérdida del hombre que amaba. *No* hay una manera indolora de superar la pérdida de un compañero y amigo constante por cuarenta y tres años. Las horas del atardecer eran particularmente nostálgicas, y mi madre las usaba para escribir poemas a la memoria de su esposo. Me agrada especialmente uno, que ella me permitió compartir con mis lectores:

Hoy creí haberte visto

Hoy creí haberte visto.
Estabas de pie con las manos en los bolsillos
Riéndote, y el viento jugaba travieso
    en tus cabellos.
Mi corazón se extendió ansioso para alcanzarte
Cuando desapareciste, y era sólo un desconocido
    el que estaba allí.
Cómo pude imaginar
    que ese hombre fuera mi amado...
Mi dulce amado.

                    Myrtle Dobson

Es un hecho de que la *mayoría* de las mujeres casadas eventualmente serán viudas. Por lo tanto, estoy seguro de que millones de mujeres entenderían perfectamente el inmenso dolor que encierran estas breves palabras.

Supe de la segunda revelación que recibió mi padre el 2 de octubre de 1977, cuando ya había estado hospitalizado dos semanas. Volé desde Kansas para hacerle una breve visita y esa fue la última vez que lo vi. Estaba espléndido ese domingo a la mañana. Había tenido muchos deseos de verme. Su mejoría lo estimulaba y tenía la esperanza de que le dieran el alta del hospital en unos pocos días más. Entre otros temas más profundos, conversamos acerca de su perrito, Benji, que aguardaba ansiosamente el regreso de su amo.

Luego papá se puso muy serio. «Hay algo que quiero tratar de describirte». «A la mañana siguiente de mi ataque cardíaco tuve la más increíble experiencia», dijo mientras comenzaba a sollozar.

Me preocupaba que este estado emocional afectara su corazón, y le pedí que esperara para decírmelo más tarde. Estuvo de acuerdo y dejamos el asunto a un lado. Yo tenía que partir al día siguiente, y él murió antes del encuentro que habíamos planeado para Navidad.

Pero mi padre sí comunicó los detalles de esta experiencia a mi madre y a un amigo, el Dr. Dean Baldwin, la semana antes de su muerte. Más aún, cuando después estuve revisando sus escritos, encontré una descripción casi completa de aquel suceso, en la que describía la dramática visión que había tenido al día siguiente de su ataque. (Recuerde que los médicos habían estimado que no sobreviviría a esa noche.) Más o menos estas fueron sus palabras.

«Sucedió temprano en la mañana cuando no estaba ni despierto ni dormido. Estaba acostado en la silenciosa habitación del hospital, cuando de pronto vi la persona más hermosa que jamás haya visto. No pude saber de inmediato quién era pero ahora estoy seguro de que fue Jesús. No era un sueño, en el sentido clásico. Estaba consciente de lo que ocurría y la figura era extremadamente vívida. Parecía ser que se me estaba permitiendo presenciar una sala judicial en un contexto divino, pero me encontraba allí como un observador. No me dirigieron directamente la palabra en ningún momento. La "persona" estaba sentada y escribía en un libro. Tenía aspecto de estar analizando un asunto muy importante. Entonces advertí que lo que estaba evaluando era *mi* vida. Estaba revisando cuidadosamente los detalles de mi vida. Dejó de escribir y empezó a rogar por mí directamente a Dios. Nunca he escuchado palabras más elocuentes, en las que describía mis circunstancias y se refería a mí reiteradamente por el nombre. Luego siguió escribiendo hasta que llegó al final de la página y entonces completó la última frase y levantó súbitamente la mano haciendo un gesto. Aunque no hubo palabras, su gesto y su semblante expresaban la conclusión a la que había llegado respecto a mi vida. Significaba: "¡Por toda la eternidad, es *aceptable!*"»

El Dr. Baldwin relata que mi padre lloraba profusamente mientras describía esta emotiva experiencia. Luego explicó, muy conmovido, que había recibido un mensaje final muy significativo, pero demasiado personal para ser revelado. No podía siquiera decírselo a mi madre, con quien compartía absolutamente todo. Sólo podemos aventurar que lo que en ese increíble momento se le reveló fue su inminente muerte.

La visión entonces desapareció, y mi papá quedó sumido en la tenue luz del amanecer en esa habitación del hospital. Estaba tan profundamente conmovido por la experiencia que no hizo ningún intento por contárselo a nadie sino hasta mi visita dos semanas más tarde. Hasta el momento de morir, no podía aludir a este asunto sin sollozar.

Algunos dirán que mi padre tuvo un sueño inducido por los medicamentos. No creo que haya sido así. Mi padre, que no era dado a las exageraciones místicas, enfatizó que la visión no había sido una alucinación ni un evento imaginario. La decisión queda con el lector. Pero hay un hecho del que estoy absolutamente seguro. Este hombre *fue* hallado «aceptable» por su Creador. Había vivido sin claudicar su devoción a Jesucristo. Había peleado la buena batalla y había guardado la fe hasta el fin.

El Salmo 23 promete que Dios estará con los justos cuando atraviesen el valle de sombra de muerte. Cumplió plenamente esa promesa respecto a mi padre. La vida de este buen hombre llegó a su fin, pero sólo para continuar en gloria al otro lado de la muerte.

La partida de papá ha modificado mi propia perspectiva de la muerte. Todavía tengo un deseo instintivo de vivir, especialmente porque mi tarea en el hogar aún no ha concluido, pero ya no percibo el fin de la vida como la peor de las tragedias. Ahora sé que mi viejo amigo me dará la bienvenida cuando pase el umbral. Estoy seguro de que estará ansioso por mostrarme las estrellas, los planetas, y la ciudad celestial. También espero que me presente, cara a cara, al Señor al que he procurado servir desde que tengo tres años de edad.

Pero por ahora, él se ha ido, y *yo* soy quien está ahora ante el juzgado celestial. Concluyo con la siguiente plegaria:

Padre celestial, anhelo ser la clase de esposo y padre que deseas que sea. Mi más alto ideal en este tierra es merecer esas palabras de aprobación: «Bien hecho, buen siervo y fiel». Pero me siento inadecuado para llevar a cabo correctamente mi responsabilidad. Sé que el concepto que mis hijos se formen de ti, dependerá en gran medida de la manera en que me perciban a mí y esa reflexión me llena de temor. Sé que sólo esperas que haga lo mejor que pueda, y eso me consuela. Gracias por el modelo que fue mi padre. Ayúdame ahora a perpetuar ese ejemplo ante los hijos que nos has prestado a Shirley y a mí. Aunque ya lo he dicho antes, te pido nuevamente que nuestro círculo familiar esté completo cuando estemos de pie ante tu trono.

Por último, Señor, quiero pedirte que le des un breve mensaje a papá de mi parte. Dile que lo amo. ¡Nunca un hijo le debió tanto a su padre!